B1 — INTERMÉDIAIRE

Jean-Luc Penfornis

VOCABULAIRE PROGRESSIF DU FRANÇAIS DES AFFAIRES

2e édition
avec 250 exercices

CLE International
www.cle-inter.com

CRÉDITS PHOTOGRAPHIQUES

p. 12 m : P. Sittler/REA ; p. 12 d : Denis/Rea ; p. 12 g : M. Nascimento/Rea ; p. 18 : William87/FOTOLIA ; p. 25 : SIPA PRESS ; p. 34 : P. Sittler/Rea ; p. 40 : R. Damoret/REA ; p. 41 : P. Allard/REA ; p. 42 : SNCF ; p. 44 : J.L. Pelaez/CORBIS ; p. 46 : Céleste Clochard/FOTOLIA ; p. 50 : C. Moschetti/REA ; p. 52 : Magliave/GAMMA ; p. 55 : Droits Réservés ; p. 58 bas : R. Damoret/REA ; p. 58 ht : X. Aurel/REA ; p. 60 : STUMPF/SIPA PRESS ; p. 63 : Droits Réservés ; p. 64 : P. Broze/REPORTERS/REA ; p. 66 : Droits Réservés ; p. 73 : Denis/REA ; p. 74 : T. Hoepker/magnum ; p. 76 : G. Rolle/REA ; p. 78 : L. Lefkowitz/CORBIS ; p. 80 : A. Devouard/REA ; p. 82 : M. Fourmy/REA ; p. 84 : D. Maillac/REA ; p. 86 : R. Damoret/REA ; p. 88 : C. Paris/REA ; p. 96 : J. Leynse/REA ; p. 99 : Droits Réservés ; p. 104 : D. Maillac/REA ; p. 112 : Jean-Claude Moschetti/REA ; p. 124 : P. Sittler/REA ; p. 130 : Haley/SIPA PRESS ; p. 132 : Pitchal/CORBIS ; p. 138 : Société BIC ; p. 140 : C. Hondros/GAMMA ; p. 142 : LWA-Dann Tardif/CORBIS ; p. 146 : Pitchal/CORBIS ; p. 151 : Pressmaster/FOTOLIA ; p. 152 : Contrastwerkstatt/FOTOLIA ; p. 154 : Goodluz/FOTOLIA ; p. 155 : Goodluz/FOTOLIA ; p. 156 : Goodluz/FOTOLIA ; p. 157 : Mauritius/PHOTONONSTOP ; p. 158 : Contrastwerkstatt/FOTOLIA ; p. 159 : © Danone France ; p. 160 : Picture-Factory/FOTOLIA ; p. 163 Yann Layma/THE IMAGE BANK/GETTY IMAGES ; p. 164 : Goodluz/FOTOLIA.

Direction de la production éditoriale : Béatrice Rego
Marketing : Thierry Lucas
Édition : Christine Grall
Maquette : Fernando San Martín
Couverture : Miz'enpage
Mise en page : Arts Graphiques Drouais (28100 Dreux)
Iconographie : Clémence Zagorski
Dessins : Marco
Enregistrements : Studio Quali'sons

© CLE International/SEJER – Paris, 2018
ISBN : 978-209-038222-8

INTRODUCTION

■ **À qui s'adresse ce livre ?**

Le **Vocabulaire progressif du français des affaires** s'adresse à des étudiants ou à des professionnels de niveaux intermédiaire et avancé désireux d'apprendre le français dans un objectif professionnel.

L'ouvrage vous aidera à développer non seulement votre vocabulaire des affaires, mais aussi un certain nombre de savoir-faire professionnels. Vous pourrez ainsi communiquer plus aisément dans les situations les plus courantes du monde des affaires.

Ce livre peut être utilisé aussi bien en classe qu'en auto-apprentissage, les corrigés des exercices se trouvant dans un livret séparé.

■ **Comment ce livre est-il organisé ?**

L'ouvrage contient 70 leçons. Chaque leçon tient sur deux pages.

Les 15 premières leçons portent sur le vocabulaire lié à des savoir-faire professionnels communs à tous les domaines des affaires, tels que **téléphoner, assister à une réunion, parler en public, négocier,** etc.

Les 55 leçons suivantes parcourent le monde des affaires. Elles couvrent des domaines aussi variés que **la culture d'entreprise, les ressources humaines, l'éthique dans les affaires, la production, le marketing, la comptabilité, la finance,** etc.

Chaque leçon traite un thème différent et peut constituer le sujet d'un cours.

La présentation du vocabulaire respecte une progression dans le choix des thèmes. Au fil des leçons, en effet, les thèmes abordés deviennent de plus en plus techniques. L'ouvrage commence ainsi par l'étude de savoir-faire courants (ex. : téléphoner), qui ne requièrent pas l'emploi d'un lexique technique, et il se termine par des thèmes plus spécialisés, telles la finance ou la comptabilité.

Néanmoins, chaque leçon est autonome, ce qui permet de parcourir librement le livre, à votre rythme et selon vos propres intérêts. Vous pouvez donc très bien commencer par étudier un thème technique, comme les actions à dividende prioritaire (leçon 64), et continuer par un exercice portant sur des savoir-faire généraux, comme par exemple, l'aménagement d'une salle de réunion (leçon 2).

Selon le principe en usage dans cette collection, chaque leçon est constituée, sur la page de gauche, d'une présentation, sur la page de droite d'exercices. Ces deux pages peuvent aisément être exploitées et développées en classe, par exemple pour des débats ou des activités de groupe.

■ La page de gauche

Les mots ne sont jamais présentés dans une liste sèche de vocabulaire : ils sont mis en contexte dans des phrases, des histoires, des dialogues, des témoignages. Souvent, ils sont prononcés par des hommes et des femmes d'affaires, experts dans le domaine étudié. Ces personnages expliquent, racontent, donnent leur avis. Les mots, ainsi mis en scène, sont bien vivants, et vous n'aurez aucun mal à en saisir le sens.

Il est bien entendu que cet ouvrage ne recherche pas l'exhaustivité. Pour d'évidentes raisons matérielles et pédagogiques, il est impossible d'enseigner *tout* le vocabulaire des affaires.

■ La page de droite

Les exercices vous permettront de mettre en pratique, de vous approprier progressivement et d'assimiler les notions abordées à la page de gauche.

Ces exercices sont variés : questions à choix multiples, vrai ou faux, exercices à trous, exercices d'association, d'identification, petits cas, etc.

À la fin de l'ouvrage, pour chacune des huit grandes parties, vous trouverez des activités pour évaluer vos connaissances et pour communiquer en utilisant le lexique des affaires. Un index développé vous permettra de vous orienter à travers les leçons et de retrouver diverses occurrences des mots ou expressions.

Nous espérons que vous prendrez plaisir à utiliser ce livre.

SOMMAIRE

SAVOIR-FAIRE

1 RÉUNION 1 : TYPES DE RÉUNIONS 10
A. Types de réunions
B. Réunions à distance

2 RÉUNION 2 : ORGANISATION 12
A. Préparation
B. Salle de réunion
C. Autour de la réunion

3 RÉUNION 3 : ANIMATION 14
A. Annoncer l'ordre du jour
B. Mettre de l'ordre
C. Demander des explications
D. Conclure

4 RÉUNION 4 : PARTICIPATION 16
A. Exprimer son point de vue
B. Garder la parole
C. Comment était la réunion ?

5 TÉLÉPHONE 1 : PRÉPARATIFS 18
A. Autour du téléphone
B. Numéros
C. Messages téléphoniques

6 TÉLÉPHONE 2 : PRISE DE CONTACT 20
A. Entrée en communication
B. Absent ou indisponible

7 TÉLÉPHONE 3 : COMPLICATIONS 22
A. J comme Jacques
B. Mauvais numéro
C. Incidents techniques
D. Pour conclure

8 TÉLÉPHONE 4 : RENDEZ-VOUS 24
A. Prendre rendez-vous
B. Déplacer un rendez-vous

9 ÉCRIT 1 : LETTRE D'AFFAIRES 26
A. Présentation
B. Titre de civilité
C. Contenu

10 ÉCRIT 2 : COURRIER ÉLECTRONIQUE 28
A. E-mail, courrier électronique, courriel ?
B. Écrire
C. Envoyer

11 PARLER EN PUBLIC 1 30
A. Types de discours
B. Préparatifs
C. Introduction

12 PARLER EN PUBLIC 2 32
A. Contenu
B. Voix, gestes, regards
C. Face aux perturbateurs

13 NÉGOCIATION 1 : SITUATIONS 34
A. Types de négociations
B. Avancée de la négociation
C. Conditions de réussite

14 NÉGOCIATION 2 : STRATÉGIES 36
A. Compétition
B. Coopération
C. Choisir sa stratégie

15 NÉGOCIATION 3 : ENTRE CULTURES 38
A. Situation interculturelle
B. Objectifs
C. Communication
D. Prise de décision

ENTREPRISES

16 TYPES D'ENTREPRISES 1 40
A. Autour de l'entreprise
B. Taille des entreprises

| **17** TYPES D'ENTREPRISES 2 42
A. Activités des entreprises
B. À qui appartiennent les entreprises ?

18 SECTEURS D'ACTIVITÉ 44
A. Activité principale
B. Primaire, secondaire, tertiaire

19 CULTURE D'ENTREPRISE 1 46
A. La culture d'entreprise, qu'est-ce que c'est ?
B. Gestion du temps

20 CULTURE D'ENTREPRISE 2 48
A. Distance hiérarchique
B. Symboles
C. Langage

21 CROISSANCE DE L'ENTREPRISE 50
A. Croissance interne
B. Croissance externe

22 DISPARITION DE L'ENTREPRISE 52
A. Déclaration de faillite
B. Causes et conséquences

RESSOURCES HUMAINES

23 PROFESSIONS 1 54
A. Qu'est-ce que vous faites dans la vie ?
B. Vous faites quoi exactement ?

24 PROFESSIONS 2 56
A. Carrière professionnelle
B. Comment trouvez-vous votre travail ?
C. Mots familiers : autour du boulot

25 LIEU DE TRAVAIL 58
A. À la ville
B. À la campagne

26 DIPLÔMES ET FORMATION 60
A. Université et grande école
B. Formation continue

27 EMPLOI ET CHÔMAGE 62
A. Population active
B. Résultats et tendances

28 RECHERCHE D'EMPLOI 64
A. Méthodes de recherche
B. CV et lettre de motivation
C. Entretien d'embauche

29 CONTRAT DE TRAVAIL 66
A. Lettre d'engagement
B. Travail temporaire
C. Fin du contrat

30 RÉMUNÉRATION DU TRAVAIL 68
A. Salaire de cadre
B. Pourboires et congés payés
C. Rémunération du vendeur
D. Primes

31 PERSONNEL ET ENCADREMENT 70
A. Types de salariés
B. Types de cadres
C. Direction générale

32 CONFLITS DU TRAVAIL 72
A. Syndicalisme
B. Droit de grève
C. Types de grèves
D. Jours de grève

PRODUCTION

33 BIENS DE PRODUCTION 74
A. Capital technique
B. Capital fixe
C. Capital circulant

34 PRODUIRE 76
A. Objectifs de la production
B. Étapes de production
C. Modes de production

35 PRODUCTIVITÉ 78
A. Productivité et rentabilité
B. Facteurs de productivité
C. Coûts de production
D. Gains de productivité

36 RECHERCHE ET DÉVELOPPEMENT 80
A. De la recherche au développement
B. Veille technologique

37 PROPRIÉTÉ INTELLECTUELLE 82
A. Dépôt de brevet
B. Dessins, modèles, marques
C. Propriété littéraire et artistique

38 SOUS-TRAITANCE 84
A. La sous-traitance, qu'est-ce que c'est ?
B. Est-ce la meilleure solution ?

39 GESTION DE STOCKS 86
A. Inventaire
B. Juste à temps

40 RISQUES INDUSTRIELS 88
A. Hygiène
B. Sécurité
C. Environnement

41 INDICATEURS ÉCONOMIQUES 90
A. Mesures de la production
B. Cycles économiques
C. Mondialisation

Marketing

42 AGENTS DU MARCHÉ 92
A. Qu'est-ce qu'un marché ?
B. Concurrents
C. Distributeurs
D. Du côté des consommateurs

43 ÉTUDE DE MARCHÉ 94
A. Segmentation
B. Cycle de vie

44 IDENTIFIER LE PRODUIT 96
A. Gamme
B. Positionnement
C. Marque
D. Conditionnement

45 FIXER LE PRIX 98
A. Prix et coûts
B. Courbe de la demande
C. Types de prix
D. Niveau des prix

46 COMMUNICATION COMMERCIALE 1 ... 100
A. Publicité par les médias
B. Publicité directe
C. PLV

47 COMMUNICATION COMMERCIALE 2 ... 102
A. Promotion des ventes
B. Parrainage
C. Relations publiques

48 MANIFESTATIONS COMMERCIALES .. 104
A. Foires, salons, expositions
B. Comment participer
C. Trouver son chemin

49 COMMERCES 106
A. Grandes surfaces et centres commerciaux
B. Petits commerces et petits commerçants
C. Commerce franchisé

50 ENTRETIEN DE VENTE 1 108
A. Accueillir
B. Questionner
C. Argumenter

51 ENTRETIEN DE VENTE 2 110
A. Traiter les objections
B. Conclure

52 COMMERCE ÉLECTRONIQUE 112
A. Internet
B. Intranet
C. B2B et B2C

ACHAT ET VENTE

53 **COMMANDE ET LIVRAISON** 114
A. Bon de commande
B. Problèmes de livraison

54 **CONDITIONS DE PAIEMENT** 116
A. Moyens de paiement
B. Délais de paiement
C. Transport
D. Réductions

55 **SE FAIRE PAYER** 118
A. Facturation
B. Rappel de paiement

56 **EXPORTER** 120
A. Se lancer dans l'exportation
B. Balance commerciale
C. Protectionnisme et libre-échange

RÈGLES DU JEU

57 **ÉTHIQUE DANS LES AFFAIRES** 122
A. L'éthique, qu'est-ce que c'est ?
B. Guide de conduite
C. Fonds éthique

58 **INFRACTION ÉCONOMIQUE 1** 124
A. Contrefaçon
B. Trafic
C. Racket

59 **INFRACTION ÉCONOMIQUE 2** 126
A. Fraude fiscale
B. Escroquerie
C. Délit d'initié
D. Piratage informatique

60 **PRATIQUES ANTICONCURRENTIELLES** 128
A. Abus de position dominante
B. Ententes
C. Aides d'État

ARGENT, FINANCE

61 **SERVICES BANCAIRES** 130
A. Compte courant
B. Distributeurs automatiques
C. Autres services

62 **CRÉDIT BANCAIRE** 132
A. Prêt et emprunt
B. Garanties
C. Taux d'intérêt

63 **APPORT DE CAPITAL** 134
A. Capital social
B. Sociétés commerciales
C. Augmentation de capital

64 **DROITS DE L'ACTIONNAIRE** 136
A. L'action, titre de propriété
B. Types d'actions
C. Types d'actionnaires

65 **PLACEMENTS FINANCIERS** 138
A. Portefeuille de valeurs mobilières
B. Placement en actions
C. Placement en obligations

66 **FLUCTUATIONS BOURSIÈRES** 140
A. Cours de la bourse
B. Krachs boursiers

67 **ACTEURS DE LA BOURSE** 142
A. Investisseurs
B. Courtiers en bourse
C. Tendances du marché

68 **ASSURANCES** 144
A. Mécanisme de l'assurance
B. Types d'assurances
C. Contrat d'assurance
D. Déclaration de sinistre

69 **FAIRE LES COMPTES** 146
A. Plan comptable
B. Compte de résultat

70 **FAIRE LE BILAN** 148
A. Actif
B. Passif

ÉVALUATION ET COMMUNICATION

SAVOIR-FAIRE 150
ENTREPRISES 152
RESSOURCES HUMAINES 154
PRODUCTION 156
MARKETING 158
ACHAT ET VENTE 160
RÈGLES DU JEU 162
ARGENT, FINANCE 164

INDEX 166

RÉUNION 1 : TYPES DE RÉUNIONS

A. TYPES DE RÉUNIONS

Il y a toutes sortes de réunions, des grandes et des petites, avec des objectifs différents. Voici quelques exemples de réunions :

Réunion de service	Dans la société Ixtel, **une réunion de service se tient** tous les lundis matins : le chef de service **fait le point** avec ses collaborateurs sur les projets en cours, c'est **une séance de travail** obligatoire pour tous.
Réunion d'information	Au cours d'**une réunion d'information**, le directeur explique la nouvelle organisation de l'entreprise.
Séance de brainstorming	Le directeur d'une agence de publicité organise des **séances de brainstorming** : ce sont des réunions de créativité et de recherche d'idées, où chaque **participant** à la réunion **fait des suggestions**.
Colloque	Chaque année, à Madrid, **un colloque réunit** une centaine de spécialistes venus **débattre** (discuter) sur des questions économiques. Un colloque réunit moins de participants qu'**un congrès**.
Assemblée	Une fois par an, **l'Assemblée générale** des actionnaires de Ixtel **est convoquée** pour prendre des décisions importantes. Cette année, Ixtel **a tenu** son assemblée annuelle le 3 mars. Les **membres** de l'assemblée ont **délibéré** (discuté) longuement avant de **voter**.
Réception	L'ouverture officielle des nouveaux bureaux de Ixtel a été **inaugurée** le 3 mars. La direction avait organisé **une** grande **réception**. Tout le personnel était invité à **un cocktail** où était servi **un** grand **buffet** (table garnie de plats froids et de boissons).

B. RÉUNIONS À DISTANCE

Avec **la téléréunion** (= **la téléconférence**), plusieurs personnes se trouvant dans des endroits séparés sont reliées entre elles par des moyens de télécommunications (Internet, satellite, etc.).

Il existe deux types de téléréunion :
– **la réunion par téléphone** : elle réunit plusieurs personnes au téléphone. On peut aussi l'appeler « **réunion téléphonique** » ou « **audioconférence** » ou « **conférence téléphonique** » ;
– **la visioconférence** (= **la vidéoconférence**) : elle permet aux participants de se voir grâce à des caméras et à des écrans.

RÉUNION 1 : TYPES DE RÉUNIONS

E X E R C I C E S

1 Lisez les déclarations suivantes et/ou écoutez. Dans quel type de réunions cité en A de la page 10 pouvez-vous le plus probablement entendre ces déclarations ?

> On pourrait imaginer une souris avec de grandes oreilles.

> Je vous présenterai aujourd'hui les résultats du trimestre. Comme vous pouvez le voir sur ce schéma, les ventes ont progressé de 5 %.

1. *Séance de brainstorming*
4. _____

> Voulez-vous une coupe de champagne ?

> Après une pause de 20 minutes, nous poursuivrons ce débat autour d'une table ronde.

2. _____
5. _____

> Je vous propose de passer au vote.

> Cette semaine sera très chargée.

3. _____
6. _____

2 Complétez les mentions manquantes.

Réunion nocturne chez Ixtel

Cette année, l'Assemblée générale des actionnaires de Ixtel était c_____ pour le 3 mars. Elle s'est t_____ à la date prévue dans la grande salle des conférences. Le président a présenté la situation, puis les m_____ de l'assemblée ont d_____ jusqu'à une heure du matin. La direction avait prévu ensuite une r_____ autour d'un b_____ . Mais comme il était tard, tout le monde est parti bien vite.

3 De quel type de réunion s'agit-il ?

Comme les participants n'ont pas besoin de se déplacer, elle permet de gagner du temps. Mais elle a des limites. Celui qui parle perçoit mal comment son message est perçu par les autres. L'animateur ne peut pas observer les réactions du groupe, et sa tâche est donc plus difficile.
Il s'agit de la _____

onze • 11

RÉUNION 2 : ORGANISATION

A. PRÉPARATION

Marius Guillard, consultant, est spécialisé dans l'organisation des réunions. Il donne quelques conseils à un groupe d'**hommes** et de **femmes d'affaires**.

- **Programmez** la réunion bien à l'avance : **lieu, date, durée**, etc.
- Précisez **l'ordre du jour** (= la liste des **sujets à traiter**).
- Faites une liste des **participants**. Invitez uniquement les personnes dont **la présence** à la réunion est nécessaire.
- Il ne faut pas négliger **les conditions matérielles** :
  – réservez **une salle de réunion** confortable, **éclairée**, **spacieuse** (grande) ;
  – retenez **le matériel** dont vous aurez besoin : **stylos feutres**, **bloc-notes**, etc.
  – préparez **les dossiers** et **documents** qui seront distribués ;
  – vérifiez les connexions Internet et pensez aux bouteilles d'eau et aux verres.

B. SALLE DE RÉUNION

Marius Guillard conseille de bien réfléchir à **la disposition** de **la salle**.

Cette disposition de type salle de classe freine (limite) les échanges au sein du groupe.

La forme circulaire (en cercle) favorise (aide) le contact **en face-à-face**. L'animateur a une place identique à celle des autres.

Disposer les tables en U facilite la communication et permet de concentrer l'attention sur l'animateur.

C. AUTOUR DE LA RÉUNION

Les déclarations suivantes ont été entendues dans les couloirs d'un bureau.
- Il prévoit de **faire une réunion** la semaine prochaine.
- La réunion du 8 mars a été **reportée** au 16 mars.
- La réunion du 12 mars a été **avancée** au 3 mars.
- Finalement, il n'y a pas de réunion ! La réunion a été **annulée**.
- Je ne peux pas **assister** à la réunion, j'ai **un empêchement** (un problème).
- La date de la réunion n'a pas encore été **fixée**.

RÉUNION 2 : ORGANISATION

EXERCICES

1 Voici l'extrait d'une fiche d'évaluation. Complétez les mentions manquantes.

ÉVALUATION DE LA RÉUNION

Donnez-nous votre avis sur le déroulement de la réunion en répondant aux questions suivantes.

1. La réunion a-t-elle été p_____ suffisamment à l'avance ?
2. L'o_____ du j_____ a-t-il été communiqué à l'avance ?
3. Le s_____ traité justifiait-il une réunion ?
4. Les p_____ à la réunion ont-ils été bien choisis ?
5. Votre p_____ était-elle nécessaire ?
6. Les conditions m_____ étaient-elles satisfaisantes ?
7. La d_____ des tables facilitait-elle la communication ?
8. Le l_____ de la réunion convenait-il ?

2 À quelle disposition de la salle de réunion correspondent les caractéristiques suivantes ?

1. L'animateur fait partie du groupe.   ⇒ ...   a. Salle de classe
2. La communication est à sens unique :
   l'animateur parle, les autres écoutent.   ⇒ ...   b. Tables en U
3. La communication dans le groupe est possible,
   mais l'animateur garde une place centrale.   ⇒ ...   c. Tables en cercle

3 🎧 2 Complétez les déclarations suivantes. Puis écoutez pour vérifier.

1. La réunion d'hier a été r_____ à demain.
2. Il faudrait f_____ une nouvelle date de réunion.
3. Il ne peut jamais a_____ aux réunions, il a toujours un e_____ .
4. La réunion de demain est inutile, je propose qu'on l'a_____ .
5. Comme il faut prendre une décision très vite, la réunion a été a_____ d'une semaine.
6. Dans cette entreprise, on f_____ beaucoup de réunions.

RÉUNION 3 : ANIMATION

A. ANNONCER L'ORDRE DU JOUR

Jacques Tissot, directeur général de la société Ixtel, **anime** une réunion. Comme les participants ne se connaissent pas, il propose de **faire un tour de table** : chacun se présente successivement.

Jacques Tissot annonce **le thème** de la réunion :
- **Nous sommes ici aujourd'hui pour parler de**…

Ensuite, Jacques Tissot précise **l'ordre du jour** :
- **Si vous le voulez bien, je commencerai par présenter… Ensuite, nous examinerons…** Puis **il entre dans le vif du sujet**.

Le secrétaire de séance a déjà commencé à **prendre des notes**. À l'aide de ces notes, il rédigera **le compte rendu** écrit de la réunion.

B. METTRE DE L'ORDRE

Jacques Tissot doit **gérer les temps de parole** des participants. Pour cela, il peut dire :
- Madame Bernard, **c'est à vous de parler**.
- **Désolé**, madame Bernard, mais monsieur Bouquet **a demandé la parole**.
- **Attendez, nous ne pouvons pas tous parler à la fois.**

Si quelqu'un **s'écarte de** l'ordre du jour, Jacques Tissot peut dire :
- **Revenons à notre sujet, s'il vous plaît.**

C. DEMANDER DES EXPLICATIONS

Jacques Tissot doit **stimuler** et **clarifier les échanges** entre les participants. Pour cela, il **reformule** certaines positions en disant :
- **Si je comprends bien, vous nous dites que**…

Au cours de la réunion, Jacques Tissot demande des précisions :
- **Qu'entendez-vous par** budget important ?
- **Pouvez-vous nous donner un exemple de**… ?
- **Vous nous dites que c'est la meilleure solution. Mais pour quelle raison ?**

D. CONCLURE

Pour résumer ce qui a été dit, Jacques Tissot peut dire :
- **En résumé, on peut dire que**…
- **Donc, si nous résumons ce qui a été dit,** …
- **En conclusion, nous pouvons dire que**…

« **Je crois que nous avons fait le tour de la question.** », dit finalement Jacques Tissot.

RÉUNION 3 : ANIMATION

EXERCICES

1. Julie Andrieu dirige une réunion. Reconstituez les phrases qu'elle a prononcées. Puis écoutez pour vérifier.

1. Que voulez-vous dire ⇒ c
2. Pouvez-vous nous donner ⇒ …
3. Il faudrait absolument ⇒ …
4. J'ai organisé cette réunion ⇒ …
5. Je crois que Jean-Jacques ⇒ …
6. Est-ce que vous avez ⇒ …
7. Pouvez-vous noter ⇒ …
8. Je suggère que ⇒ …

a. pour que nous parlions du projet Cerise.
b. ce point dans le compte rendu ?
c. par là, Jean-Jacques ?
d. nous passions au point 3 de l'ordre du jour.
e. terminer avant 17 heures.
f. une solution à proposer ?
g. un exemple, Jean-Jacques ?
h. a demandé la parole.

2. Lisez les déclarations suivantes et/ou écoutez. À quel moment de la réunion l'animateur a-t-il prononcé ces phrases ?

	AU DÉBUT	AU MILIEU	À LA FIN
1. Julien Boulard m'a demandé d'excuser son absence.	☐	☐	☐
2. Il ne faudrait pas que nous parlions tous à la fois.	☐	☐	☐
3. Vous croyez que ce sera difficile, c'est bien ça ?	☐	☐	☐
4. Je crois que nous nous écartons de notre sujet.	☐	☐	☐
5. Il reste à fixer la date de la prochaine réunion.	☐	☐	☐
6. Je vous rappelle l'ordre du jour.	☐	☐	☐

3. Voici le témoignage d'un participant à une réunion. Complétez les mentions manquantes.

« La réunion a commencé à 9 heures précises. Comme on ne se connaissait pas, on n'a commencé par faire un _____ de _____ . Ensuite, l'animatrice a pris la _____ pour présenter _____ du _____ . Elle m'a demandé de tenir le rôle de _____ de _____ . J'ai donc dû _____ des notes pendant toute la réunion et maintenant, je dois rédiger le _____ _____ . »

quinze • 15

RÉUNION 4 : PARTICIPATION

A. EXPRIMER SON POINT DE VUE

Au cours d'une réunion, vous pouvez exprimer votre point de vue en commençant par dire : « **À mon sens…** », « **À mon avis…** », « **Je trouve que…** », « **Je pense que…**».

Voici quelques expressions utiles pour exprimer votre accord ou votre désaccord :

Vous êtes d'accord	Vous n'êtes pas d'accord
Je suis tout à fait d'accord.	Je ne suis pas de votre avis.
Je suis de votre avis.	Je ne partage pas votre point de vue.
Vous avez (absolument) raison.	Ce n'est pas vrai de dire que…
Excellente idée : nous pourrons ainsi…	Il n'a jamais été question de…

B. GARDER LA PAROLE

Si quelqu'un vous **coupe la parole** (vous interrompt), vous pouvez dire :
- **Laissez-moi continuer, s'il vous plaît**.
- **Vous permettez que je termine.**
- **Si vous n'y voyez pas d'inconvénient, je voudrais terminer. Je disais donc que…**

Si vous voulez apporter une explication, dites :
- **Je tiens à préciser que…**
- **Je voudrais ajouter un point qui me paraît important.**

C. COMMENT ÉTAIT LA RÉUNION ?

Deux collègues de travail parlent d'une réunion à laquelle ils viennent d'assister.

AURELIE : À mon avis, c'était **une perte de temps** absolue, le genre de réunion **interminable**, qui **ne débouche sur** rien. C'était terriblement **ennuyeux**.
GABRIEL : Je ne suis pas d'accord, j'ai trouvé cette réunion très **utile**, et très **productive**.
AURELIE : Productive ? La seule décision qu'on ait prise, c'est de fixer la date de la prochaine réunion.
GABRIEL : Pas du tout, on a **échangé nos points de vue**, tout le monde a donné son avis.
AURELIE : Sauf que Pauline, comme toujours, **monopolise la parole** les trois quarts du temps, et tout ce qu'elle dit **est hors sujet**.
GABRIEL : Tu exagères ! Bougon a **passé la parole à** tout le monde.
AURELIE : Moi, franchement, je trouve que Bougon est trop **mou**. Il devrait être plus **directif** et limiter **le temps de parole** de chacun. On n'a pas traité la moitié des points **inscrits** à l'ordre du jour et on a terminé avec une heure de retard.

RÉUNION 4 : PARTICIPATION

EXERCICES

1 Choisissez la signification correcte.

1. Cette réunion est inutile.
   ☐ Elle ne sert à rien.
   ☐ C'est très intéressant.

2. Il monopolise la parole.
   ☐ Il garde la parole.
   ☐ On ne l'entend pas.

3. Il est trop directif.
   ☐ Il est trop mou.
   ☐ Il est autoritaire.

4. Elle ne m'a pas passé la parole une seule fois.
   ☐ Je n'ai pas pu dire un mot.
   ☐ J'ai parlé une seule fois.

5. C'est une perte de temps.
   ☐ Ça ne débouche sur rien.
   ☐ C'est une réunion productive.

6. Cette question était inscrite à l'ordre du jour.
   ☐ Cette question était prévue.
   ☐ Cette question était hors sujet.

7. Il a dépassé son temps de parole.
   ☐ Il a trop parlé.
   ☐ Il ne parle pas assez.

8. C'était une réunion interminable.
   ☐ Elle était trop longue.
   ☐ On est allé trop vite.

2 Associez les deux parties de la phrase. Puis écoutez pour vérifier.

1. Permettez-moi au moins de ⇒ c
2. Ce n'est pas vrai de dire que ⇒ …
3. Il n'a jamais été question de ⇒ …
4. Je ne pense pas que ⇒ …
5. Je souhaiterais ajouter ⇒ …

a. un dernier point.
b. nous ne faisons rien de la journée.
c. terminer ma phrase.
d. renoncer à ce projet.
e. ce soit la meilleure solution.

3 Voici des extraits d'un échange entre deux participants à une réunion. Les répliques sont dans le désordre. Mettez dans l'ordre les répliques de l'extrait 1, puis celles de l'extrait 2. Puis écoutez pour vérifier.

■ *Extrait 1*
☐ Insister ? Mais pourquoi voulez-vous… ?
☐ À mon sens, il faudrait insister et…
☐ Laissez-moi terminer, s'il vous plaît. Je disais qu'il faudrait insister et je suis sûr qu'on y arrivera.

■ *Extrait 2*
☐ On ferait mieux de laisser tomber.
☐ Je veux dire qu'il faut être réaliste, on a perdu trop de temps sur cette affaire.
☐ Que voulez-vous dire par là ?

dix-sept • 17

TÉLÉPHONE 1 : PRÉPARATIFS

A. AUTOUR DU TÉLÉPHONE

Il y a plusieurs façons de dire qu'on téléphone : on peut **téléphoner** à quelqu'un, **appeler** quelqu'un, **passer un coup de fil** (**un coup de téléphone**) à quelqu'un. **Le coût** (prix) de **la communication téléphonique** peut dépendre de l'heure de votre **appel**. Si vous entendez **la sonnerie** de votre téléphone, c'est que vous **recevez** un appel.

Presque tout le monde **a le téléphone.** Au bureau, on utilise **un téléphone fixe, avec fil.** On sort avec son **portable** (= son **mobile**). Avec un portable, on peut envoyer des **textos** (messages écrits), se connecter à Internet, etc. Pour trouver un **numéro de téléphone**, on consulte **l'annuaire**.

B. NUMÉROS

Vous voulez téléphoner à quelqu'un, à Paris. Vous **décrochez** le téléphone. Vous entendez **une tonalité** et vous **composez le numéro**.

Accès à l'international : 00 zéro zéro	Indicatif du pays : 33 trente trois	Indicatif de la ville : 1 un	Numéro du correspondant : 41 42 75 91 quarante et un, quarante-deux, soixante quinze, quatre-vingt-onze

C. MESSAGES TÉLÉPHONIQUES

Vous appelez Jonathan **à son domicile**. Vous **tombez sur le répondeur.** Vous entendez :
■ « Vous êtes bien chez Jonathan Pujol, au 01 41 42 75 91. Vous pouvez **laisser un message** après **le bip sonore**. »
Vous **raccrochez**, sans laisser de message.

Vous appelez **le standard téléphonique** de la société Ixtel, où travaille Jonathan. Mais **le (la) standardiste** ne répond pas et vous entendez ce message :
■ « Bienvenue chez Ixtel. Veuillez ne pas raccrocher. Vous souhaitez **accéder au menu**. **Appuyez sur la touche étoile** (*) de votre téléphone. Votre appel concerne le service technique, **faites le 1**. Votre appel concerne le service commercial, faites le 2. Vous souhaitez être **mis en relation avec** un conseiller, faites le 3. »

TÉLÉPHONE 1 : PRÉPARATIFS

EXERCICES

1. Entourez la bonne réponse

1. Vous voulez [appeler] [téléphoner] à la société Ixtel, mais vous ne connaissez pas le numéro.
2. Vous [consultez] [dictez] l'annuaire téléphonique sur Internet. Vous [cherchez] [pressez] le numéro.
3. Ça y est ! Vous avez trouvé le numéro. Vous [décrochez] [raccrochez] votre appareil. Vous entendez une [tonalité] [sonnerie]. Vous [composez] [transférez] le numéro.
4. Maintenant, chez Ixtel, le téléphone est en train de [sonner] [recevoir un appel].
5. La standardiste [décroche] [raccroche]. « Société Ixtel, bonjour », dit-elle. Maintenant, c'est à vous de parler.

2. Écrivez les chiffres en lettres, comme dans l'exemple.

Ex. : 34 12 21 15 : trente-quatre – douze – vingt et un – quinze

72 91 31 14 : _____

67 48 09 96 : _____

17 82 54 99 : _____

3. Vrai ou faux ?

	VRAI	FAUX
1. Pour appeler l'étranger, faites d'abord le 00.	☐	☐
2. Un téléphone mobile = un téléphone portable.	☐	☐
3. Dans tous les cas, si vous tombez sur un répondeur téléphonique, vous pouvez laisser un message.	☐	☐

4. Les opérations suivantes sont dans le désordre. Mettez-les dans l'ordre.

☐ J'ai laissé un message.
☐ J'ai raccroché.
☐ En appelant Ixtel, je suis tombé sur un répondeur.
☐ J'ai entendu un message d'accueil.

5. Pierre Dupont a enregistré le message suivant sur son répondeur téléphonique. Supprimez six mots qui vous paraissent inutiles.

Bonjour. Vous êtes bien chez Pierre Dupont. Je suis absent pour le moment. Vous pouvez laisser un message après le bip sonore. Merci.

6 TÉLÉPHONE 2 : PRISE DE CONTACT

A. ENTRÉE EN COMMUNICATION

Vous téléphonez à quelqu'un. Plusieurs situations peuvent se présenter :
– Le téléphone **sonne**, mais personne ne **répond** : votre **correspondant** est **absent**.
– **La ligne est occupée** : votre correspondant **est en ligne**.
– Votre correspondant répond : « **Allô !** », dit-il. La conversation peut commencer.

Bonjour, monsieur.

Pourrais-je parler à M. Pujol ?
Je souhaiterais parler à M. Pujol, s'il vous plaît.
Pourriez-vous me passer M. Pujol ?
Je voudrais parler à la personne qui s'occupe de…

→ C'est de la part de qui ?
Qui dois-je annoncer ?
Ne quittez pas, je vous le passe.
Un instant, je vous prie.
Je vous mets en ligne.

Allô ! M. Pujol ?
Vous êtes bien M. Pujol ?

Oui, c'est lui-même.
Oui, c'est bien moi.

Je suis Clara Combe, de l'agence Bontour.
(C'est) Clara Combe Labat à l'appareil

→ Bonjour, madame, que puis-je faire pour vous ?
En quoi puis-je vous être utile ?
C'est à quel sujet ?

Je vous appelle au sujet de…
Je vous téléphone parce que…
J'aurais besoin d'une information…

B. ABSENT OU INDISPONIBLE

Pourrais-je parler à M. Pujol, s'il vous plaît ?

→ Je regrette, M. Pujol est en réunion / en déplacement / absent / en ligne pour le moment.
Vous pouvez le joindre sur son portable.
Le poste est occupé, voulez-vous patienter ?
Son poste ne répond pas. Pouvez-vous rappeler un peu plus tard ?
Voulez-vous lui laisser un message ?

Savez-vous quand je peux le joindre ?
Je rappellerai plus tard.
Est-ce que je peux (lui) laisser un message ?
Pouvez-vous lui dire que Clara Combe a appelé ?
Pouvez-vous lui demander de me rappeler ?

→ Entendu, c'est noté. Est-ce qu'il a votre numéro ?

TÉLÉPHONE 2 : PRISE DE CONTACT

EXERCICES

1 🎧 7   Choisissez la bonne réponse. Puis écoutez pour vérifier.

1. Pourrais-je parler à madame Cartier ?
   ☐ C'est lui-même.
   ☐ C'est de la part de qui ?

2. Allô ! Jonathan, c'est toi ?
   ☐ Je vais voir s'il est là.
   ☐ Je ne crois pas.

3. Je suis bien dans l'entreprise Ixtel ?
   ☐ C'est bien ça.
   ☐ Ixtel à l'appareil.

4. C'est à quel sujet ?
   ☐ J'aurais besoin d'une information.
   ☐ Pouvez-vous lui dire que j'ai appelé ?

5. Ne quittez pas, je vous la passe.
   ☐ C'est noté, merci.
   ☐ Merci bien.

6. Voulez-vous patienter ?
   ☐ Est-ce que je peux laisser un message ?
   ☐ Non, je préfère patienter.

7. À quel moment est-ce que je peux la joindre ?
   ☐ Pouvez-vous rappeler dans une heure ?
   ☐ Est-ce qu'elle a votre numéro ?

8. Je regrette, elle est en déplacement pour la journée.
   ☐ Je patiente encore un peu.
   ☐ Dans ce cas, je rappellerai demain.

2   Dites-le plus poliment.

1. C'est qui à l'appareil ? _____
2. C'est pourquoi ? _____
3. Rappelez plus tard. _____
4. Vous attendez ? _____
5. Elle est pas là aujourd'hui. _____

3   Complétez les mentions manquantes.

1. Le téléphone s_____ , mais personne ne répond : le correspondant est a_____ ou alors il ne veut pas répondre.

2. La l_____ est o_____ : le correspondant est en l_____ ou il a oublié de raccrocher son téléphone.

3. Je n'arrive pas à j_____ monsieur Pujol. À chaque fois que j'a_____ , on me dit qu'il est en d_____ ou en r_____ . Je l_____ un m_____ lui demandant de me r_____ . Mais il ne me r_____ jamais. Je crois qu'il ne veut pas me parler.

vingt et un • 21

7 TÉLÉPHONE 3 : COMPLICATIONS

A. J COMME JACQUES

| Madame Jirkowaskonovky | → | Pourriez-vous épeler votre nom, s'il vous plaît ? |

Si vous voulez épeler un nom, vous pouvez dire, par exemple, « J comme Jacques » ou « G comme Georges ». Les mots ou expressions suivants peuvent vous être utiles :

- A = A majuscule
- a = petit a ou a minuscule
- ll = deux L
- ç = C cédille
- é = E accent aigu
- è = E accent grave
- ê = accent circonflexe
- – = tiret
- ' = apostrophe
- . = point
- / = slash
- @ = arrobas

B. MAUVAIS NUMÉRO

| Monsieur Tissot ? | → | Je suis désolé(e), il n'y a personne de ce nom ici.
Je crois que vous avez fait le mauvais numéro / que vous faites erreur.
Êtes-vous sûr d'avoir fait le bon numéro ? |

| Je ne suis pas au 03 86 01 22 ? | → | Non, ici, c'est le 01 21. |

| Excusez-moi, j'ai dû faire une erreur.
Je me suis trompé de numéro. | → | Ce n'est pas grave.
Je vous en prie. |

C. INCIDENTS TECHNIQUES

La ligne est mauvaise. Je ne vous entends pas très bien / J'ai du mal à vous entendre. Pourriez-vous parler un peu plus fort / répéter plus lentement, s'il vous plaît ?

Allô ! Je ne sais pas ce qui est arrivé.
La communication a été coupée / nous avons été coupés.
J'ai raccroché par erreur.
J'ai appuyé sur le mauvais bouton / la mauvaise touche.

D. POUR CONCLURE

| Pouvez-vous ... ? | → | Vous pouvez compter sur moi.
Je lui transmettrai votre message.
Je n'y manquerai pas. |

| Merci beaucoup, au revoir. | → | Au revoir. |

TÉLÉPHONE 3 : COMPLICATIONS

EXERCICES

1 🎧 8 Choisissez la bonne réponse. Puis écoutez pour vérifier.

1. Pourriez-vous parler un peu plus fort, s'il vous plaît ?
   ☐ Bien sûr, est-ce que vous m'entendez mieux maintenant ?
   ☐ Ce n'est pas grave.

2. Dites-lui simplement que j'ai appelé.
   ☐ Vous pouvez compter sur moi.
   ☐ Je crois que nous avons été coupés.

3. J'ai dû faire une erreur, excusez-moi.
   ☐ Je vous en prie.
   ☐ Je n'y manquerai pas.

4. Je crois que vous avez fait un mauvais numéro.
   ☐ Je ne suis pas chez Manuela ?
   ☐ Désolé, j'ai raccroché par erreur.

2 🎧 9 Voici des extraits de quatre entretiens téléphoniques. Les répliques sont dans le désordre. Mettez-les dans l'ordre. Puis écoutez pour vérifier.

■ *Entretien 1*
☐ C'est de la part de qui ?
☐ Bien sûr, O-G-E-R.
☐ Excusez-moi, pouvez-vous épeler votre nom, s'il vous plaît ?
☐ Pierre Oger.

■ *Entretien 2*
☐ Non, ici, c'est le 73 38.
☐ Je vous en prie.
☐ Excusez-moi.
☐ Je ne suis pas au 04 75 22 72 38 ?

■ *Entretien 3*
☐ Pouvez-vous lui dire que la réunion de jeudi est annulé ?
☐ Pourriez-vous lui transmettre un message ?
☐ Vous pouvez compter sur moi.
☐ Bien sûr.

■ *Entretien 4*
☐ Non, vous êtes au ministère des Transports.
☐ Je crois que vous faites erreur.
☐ Allô, Jonathan ?
☐ Je ne suis pas chez Jonathan ?

3 🎧 10 Complétez les mentions manquantes. Puis écoutez pour vérifier.

1. J comme _____ ou G comme _____ ?
2. Ah bon ? Je ne _____ pas _____ Ixtel ?
3. La _____ n'est pas très bonne, j'ai du _____ à vous entendre.
4. J'ai dû _____ tromper _____ numéro, excusez-moi.

8 TÉLÉPHONE 4 : RENDEZ-VOUS

A. PRENDRE RENDEZ-VOUS

On ne prend pas rendez-vous de la même manière selon qu'il s'agit d'un rendez-vous professionnel ou d'un rendez-vous entre amis.

■ *Rendez-vous professionnel*
– Quel jour vous **conviendrait** ?
– Lundi prochain, **ça m'arrangerait**. Vers 11 heures, **si possible**.
– Je regrette, mais je ne suis pas **disponible** à cette heure-là. **Que diriez-vous de** lundi après-midi ? **Je peux vous proposer** 14 H 00.
– Un peu plus tard, **c'est possible** ?
– Est-ce que 16 heures **vous irait** ?
– **C'est parfait.**

■ *Entre amis*
– **On pourrait se voir** ?
– Oui, si tu veux. Quand ça ?
– Demain soir, **t'es libre** ?
– **Ça ne m'arrange pas** vraiment. Mardi, **tu pourrais** ?
– A quelle heure ?
– A dix heures, **ça te va** ?
– Je **préférerais** 9 heures.
– **D'accord, ça marche.**
– **On dit** « mardi, 9 heures », alors.

B. DÉPLACER UN RENDEZ-VOUS

Vous changez l'heure ou la date de votre rendez-vous si **vous avez un empêchement = un contretemps** (quelque chose qui vous empêche d'être présent au rendez-vous). Par exemple, vous **êtes pris(e)** = occupé(e). Vous êtes même **débordé(e)** = très occupé(e). Vous pouvez aussi être **en déplacement** (en voyage), **en réunion**, etc.

■ *Comment avancer l'heure*
– **J'ai un rendez-vous** à 11 heures avec monsieur Pujol. Serait-il possible de le **déplacer** ?
– Voulez-vous **avancer** ou **reporter** le rendez-vous ?
– Je voudrais l'**avancer** d'une heure.
– Voulez-vous **fixer le rendez-vous** à 10 heures, alors ?
– C'est ça, 10 heures.
– **Pas de problème**, madame, **c'est noté**.
– **Formidable**, merci bien.

J'ai un empêchement

Pas de problème, madame, c'est noté.

■ *Comment reporter un rendez-vous*
– Est-ce qu'on pourrait reporter le rendez-vous au lendemain ?
– Un instant, s'il vous plaît, je **consulte son agenda**.... Malheureusement, **ça ne va pas être possible**, monsieur Pujol est pris toute la journée.

■ *Comment annuler un rendez-vous*
– J'ai un empêchement, je serai en déplacement toute la semaine.
– Si je comprends bien, vous souhaitez **annuler** votre rendez-vous. Voulez-vous **prendre un** autre **rendez-vous** tout de suite ?
– Malheureusement, **je n'ai pas mon agenda sur moi. Je rappellerai** la semaine prochaine.

TÉLÉPHONE 4 : RENDEZ-VOUS

EXERCICES

1 🎧 11 Voici l'extrait d'un entretien téléphonique. Les répliques sont dans le désordre. Mettez-les dans l'ordre. Puis écoutez pour vérifier.

☐ Quel jour vous arrangerait ?
☐ Le mieux, pour moi, serait mercredi à la même heure.
☐ C'est entendu, monsieur Bertin, mercredi 12, à 10 heures.
☐ Je voudrais reporter le rendez-vous.

2 🎧 12 Choisissez deux réponses possibles. Puis écoutez pour vérifier.

1. Pourrait-on reporter le rendez-vous à la semaine prochaine ?
   ☐ « Je vous rappellerai le mois prochain. »
   ☐ « Je regrette, ça ne va pas être possible. »
   ☐ « Malheureusement, je serai en déplacement toute la semaine. »

2. Demain, t'es libre ?
   ☐ « À quelle heure ? »
   ☐ « P comme Pierre. »
   ☐ « Ça dépend pourquoi. »

3. Que diriez-vous de jeudi à 14 heures ?
   ☐ « C'est parfait. »
   ☐ « J'aimerais autant 14 heures. »
   ☐ « Ça ne m'arrange pas du tout. »

4. Je souhaiterais avancer un peu l'heure. Est-ce que c'est possible ?
   ☐ « À 10 heures, vous seriez disponible ? »
   ☐ « Un instant, je consulte son agenda. »
   ☐ « C'est noté. »

3 🎧 13 Complétez les mentions manquantes de cet entretien. Puis écoutez pour vérifier.

– Quel jour vous c_____ , monsieur ?
– Je n'ai pas mon a_____ sur moi.
  Est-ce que je peux vous r_____ ?
– Oui, bien sûr, nos bureaux sont ouverts jusqu'à 18 heures.
– Je vous r_____ d'ici une heure.
– Très bien, monsieur, à tout à l'heure, alors.

vingt-cinq • 25

ÉCRIT 1 : LETTRE D'AFFAIRES

A. PRÉSENTATION

Nathalie Lefranc travaille dans la société Ixtel. Elle explique comment on rédige une lettre d'affaires en France :

« Pour écrire une lettre, c'est facile.
– Vous prenez une **feuille blanche de format A4** (21 x 29,7cm). En **en-tête** se trouve le nom de **l'expéditeur**. Il y a d'autres informations concernant l'expéditeur tout en bas de la page.
– Écrivez le nom et l'adresse du **destinataire** en haut, à droite.
– **L'objet** indique brièvement le motif de la lettre. Ecrivez le nom sans article.
– Pensez à faire des **marges** sur les côtés. Faites beaucoup de **paragraphes**.
– Bien sûr, n'oubliez pas de **signer**. »

```
IXTEL
CONSEIL
INFORMATIQUE

                                Société RENAUDIN
                                67 boulevard Farge
                                69007 LYON

                                Lyon,
                                le 16 mars 2015

Objet :
Projet Omega

Madame, Monsieur,
Nous avons bien reçu ce jour votre
lettre du 3 mars concernant…
Nous vous prions de bien
vouloir…
Nous vous remercions par avance.
Veuillez recevoir, Madame,
Monsieur, nos salutations
distinguées.

                                Nathalie Lefranc

Société anonyme
au capital
de 60 000 €                     Nathalie LEFRANC
2, rue Bichat                   Chef de projet
69002 Lyon
RCS Lyon B 997 657 009
```

B. TITRE DE CIVILITÉ

Dans **le titre de civilité**, de préférence, n'indiquez pas le nom de famille du **correspondant**. Écrivez simplement « **Madame** » ou « **Monsieur** ». Si vous envoyez votre lettre à une société, et pas à quelqu'un en particulier, écrivez « **Madame, Monsieur,** ».
Vous devez reprendre le titre de civilité à la fin de la lettre, dans la formule de politesse.

C. CONTENU

Il se compose d'**une introduction**, d'**un développement**, d'**une conclusion**, d'**une formule de salutations**. Vous pouvez employer le « je » ou le « nous », mais pas « je » et « nous » dans la même lettre.

Dans l'introduction, commencez par faire référence à ce qui s'est passé. Par exemple :
- **Je fais suite à** notre entretien téléphonique du 3 mars.
- **Nous vous remercions de** votre lettre du 3 mars.

Dans le développement, on transmet une information et / ou on formule une demande. Voici des expressions extraites de différentes lettres :
- **Nous vous prions de bien vouloir** nous adresser… = **Nous vous demandons de**…
- **Nous sommes heureux de** vous informer… = **Nous avons le plaisir de**…
- **Nous avons le regret de** ne pas pouvoir… = **Nous regrettons de**…

La formule de salutations est souvent précédée d'une conclusion (une attente, un espoir, des remerciements, etc.). Par exemple : « **Dans l'attente de votre réponse,** je vous prie de recevoir… »

ÉCRIT 1: LETTRE D'AFFAIRES

EXERCICES

1 Regardez l'extrait de lettre ci-contre. Il y a trois erreurs. Quelles sont ces erreurs ?

1. _____
2. _____
3. _____

MOBILIA
Location de mobilier

Sarah GIBERT
72 rue Beaulieu
14000 CAEN

Le 7 juin 2015, Caen

Objet :
La table de ping pong

Madame Catherine Gibert,

2 Voici des phrases extraites de différentes lettres d'affaires. Les mots sont dans le désordre. Mettez-les dans l'ordre, en ajoutant la ponctuation.

1. Nous avons bien reçu / sur / la nouvelle collection / votre documentation / ce jour
2. Avec mes remerciements / Monsieur / distinguées / recevoir / je vous prie de / Madame / mes salutations
3. Nous regrettons de / que nous ne pouvons / répondre favorablement / vous informer / malheureusement pas / à votre demande

3 Voici des phrases extraites de différentes lettres. Complétez les mentions manquantes.

1. Nous avons le _____ de vous faire savoir qu'il ne nous sera malheureusement pas possible de nous rendre à votre aimable invitation.

2. Nous faisons _____ à votre demande d'information _____ le projet Omega.

3. Je vous demande de bien _____ m'indiquer vos meilleurs prix.

4. Nous vous _____ de votre courrier du 12 octobre.

5. Je reste dans l'_____ de votre réponse et vous _____ de recevoir, Monsieur, mes meilleures salutations.

ÉCRIT 2 : COURRIER ÉLECTRONIQUE

SAVOIR-FAIRE 10

A. E-MAIL, COURRIER ÉLECTRONIQUE, COURRIEL ?

Le terme « **e-mail** » ou « **mail** » désigne à la fois le message électronique (un e-mail), le moyen de communication (par e-mail) et l'adresse elle-même (« Passe moi ton e-mail). On dit aussi « **courrier électronique** ». Les Québécois parlent de « **courriel** ».

B. ÉCRIRE

> Fichier Édition Affichage Message Format Outils Fenêtre Aide
>
> sans titre 2
>
> ENVOYER   RÉPONDRE   RECEVOIR   RECHERCHER   IMPRIMER
>
> De :
> À : Yann Lepage ; Juliette Billet.
> Cc :
> Objet : Compte rendu de réunion
>
> **Bonjour,**
> **Je vous envoie ci-joint le compte rendu** de la réunion du 3 mars. **Merci de bien vouloir** me **transmettre** vos remarques et suggestions.
> **Cordialement**
> Alexis
>
> compte-rendu

Pour demander, vous pouvez écrire :
- **Merci de (bien vouloir) m'envoyer…**
- **Pourriez-vous / Pouvez-vous** m'envoyer… ?

Le plus souvent, on termine par :
- **Cordialement**

Parfois on dit :
- **Bien cordialement / Très cordialement**

C. ENVOYER

Pour envoyer un courrier électronique, c'est facile :
– dans **la zone À, tapez** l'adresse du **destinataire** du **message** ;
– dans la zone **Cc (Copie conforme)**, tapez l'adresse du destinataire de la copie du message ;
– dans la zone **Objet**, expliquez très brièvement pourquoi vous envoyez ce message.

Vous pouvez **insérer un document** sous forme **d'une pièce jointe**. Pour cela, **ouvrez la liste** « Insertion » et **faites un double clic** sur **l'option** « Insérer comme pièce jointe ». Pour envoyer le message, **cliquez** sur **le bouton** Envoyer .

ÉCRIT 2 : COURRIER ÉLECTRONIQUE

EXERCICES

1 Sur quel bouton cliquez-vous dans les situations suivantes ?

1. Vous êtes devant l'écran de votre ordinateur. Vous venez d'ouvrir votre messagerie électronique. Vous voulez savoir si vous avez reçu du courrier. Vous cliquez sur _____ .
2. Vous venez de recevoir un message. Vous souhaitez répondre tout de suite. Vous cliquez sur _____ .
3. Vous avez écrit un message et vous êtes prêt à l'envoyer. Vous cliquez sur _____ .
4. Vous avez besoin d'une copie papier de votre message. Vous cliquez sur _____ .
5. Vous devez écrire un second message, et vous avez oublié l'adresse e-mail de votre correspondant. Vous cliquez sur _____ .

2 Les paragraphes du message suivant sont dans le désordre. Mettez-les dans l'ordre.

```
À :      Christine Guillard ; Yohan Bocquet
Cc :
Objet :  voyage de fin d'année
```

☐ Il propose les destinations suivantes : l'Italie, l'Espagne, la Grèce, l'Allemagne.
☐ Bien cordialement.
☐ Pouvez-vous faire une petite enquête dans votre service et nous indiquer quelle est la destination favorite du personnel ?
1 Bonjour,
☐ Le comité d'entreprise souhaite organiser un voyage à la fin de l'année.
☐ Merci de nous répondre avant la fin de la semaine.

3 Vous voulez envoyer un e-mail. Un ami vous donne des conseils. A-t-il raison ? A-t-il tort ?

	IL A RAISON	IL A TORT
1. Dans la zone À, tu écris l'adresse du destinataire.	☐	☐
2. Dans la zone Cc, tu indiques en quelques mots l'objet du message.	☐	☐
3. Pour joindre un document, tu ouvres la liste « Fichier » et tu cliques sur « Insérer comme pièce jointe. »	☐	☐
4. Finalement, pour envoyer ton message, c'est très simple, il suffit de cliquer sur « Envoyer ».	☐	☐

11 PARLER EN PUBLIC 1

A. TYPES DE DISCOURS

Faire un discours ou **prononcer un discours**, c'est **prendre la parole** devant un groupe de personnes. Un discours peut durer de quelques minutes à plusieurs heures.

Voici des exemples de différents types de discours.
- **Une présentation** : un directeur de marketing **présente** un nouveau produit aux responsables des ventes.
- **Un exposé** : un étudiant **fait un exposé** devant la classe.
- **Une conférence** : **le conférencier**, professeur à la Sorbonne, **fait une conférence** qui **porte sur** les nouvelles technologies de l'information.
- **Une conférence de presse** : le président d'une grande entreprise fait une conférence de presse devant des journalistes.
- **Un toast** : au cours d'un cocktail, le directeur d'une entreprise **porte un toast à** la réussite d'un nouveau projet ; il fait un petit discours et propose de boire.

B. PRÉPARATIFS

Charlotte Sénéchal, consultante en entreprise, a l'habitude de parler en public. Elle explique comment elle prépare ses **interventions** :

« Je réfléchis beaucoup au **plan** de mes exposés. Mes présentations ont trois **parties** : **une introduction, un développement et une conclusion**. Le développement, en particulier, est très **structuré**, avec deux ou trois parties bien distinctes.

J'arrive toujours 15 minutes à l'avance. Je m'habitue à **la salle** et **au matériel**. Je place **le tableau, l'écran, le projecteur, l'ordinateur** à l'endroit qui me convient. Je teste **le micro**. »

C. INTRODUCTION

Charlotte Sénéchal explique à un groupe d'hommes et de femmes d'affaires comment devenir **un intervenant** efficace. Voici comment elle commence son exposé.

1. Elle indique **le sujet** de son intervention.

> Je **vous parlerai des** conditions de réussite d'une présentation.

2. Elle dit pourquoi c'est un sujet intéressant.

> C'est un sujet important parce que vous avez souvent l'occasion d'**intervenir** en public.

3. Elle annonce **les grandes lignes** de **son plan**.

> Je vous parlerai **d'abord** des conditions de fond et **ensuite** des conditions de forme.

Pour présenter une succession de faits ou d'idées, Charlotte Sénéchal utilise de nombreux mots ou expressions. Par exemple :
– pour commencer : **(tout) d'abord, en premier lieu, dans un premier temps** ;
– pour continuer : **puis, ensuite, en second lieu, dans un second temps, par la suite** ;
– pour terminer : **enfin, en dernier lieu, finalement, pour terminer**.

PARLER EN PUBLIC 1

EXERCICES

1 Associez chaque déclaration à la situation correspondante.

Déclarations	Situations
1. « Comme vous le voyez sur ce tableau, les ventes ont progressé de 6 %. » ⇒ …	a. Lors d'un colloque, un conférencier commence un discours.
2. « Je voudrais lever mon verre à la réussite de madame Blandin et de toute son équipe. » ⇒ …	b. Le directeur d'une entreprise présente les résultats de l'année.
3. « Il ne m'est pas facile de prendre la parole après la brillante intervention du professeur Lavigne. » ⇒ …	c. Au cours d'un cocktail, un chef de projet fait un petit discours.

2 Complétez les mentions manquantes.

1. Avant de p_____ la p_____ en p_____ , mieux vaut connaître quelques techniques de présentation.
2. Si la salle est grande, ne prenez pas le risque de casser votre voix, utilisez un m_____ .
3. Pour intéresser le public, commencez par lui dire combien votre s_____ est important.
4. Pour guider votre public, faites un exposé s_____ , en distinguant bien l'i_____ , le d_____ , la c_____ , et annoncez tout de suite les principales p_____ du p_____ .
5. Bien sûr, vous pouvez projeter des supports visuels à partir de votre o_____ .
6. Parlez toujours face au public : pendant que vous écrivez au t_____ , arrêtez de parler.

3 🎧 14 Voici l'introduction d'une conférence sur l'avenir de l'Union européenne. Les phrases sont dans le désordre. Mettez-les dans l'ordre. Puis écoutez pour vérifier.

☐ Ensuite, j'examinerai les difficultés que nous rencontrons en ce moment.
☐ C'est un sujet qui est d'actualité et qui soulève beaucoup de passions.
☐ Comme vous le savez, mon intervention porte aujourd'hui sur l'avenir de l'Union européenne.
☐ Pour terminer, j'essaierai de décrire quelques scénarios possibles pour l'avenir.
☐ Tout d'abord, je ferai un bref rappel historique de la construction européenne depuis ses débuts, en 1957.

SAVOIR-FAIRE

12

PARLER EN PUBLIC 2

A. CONTENU

Voici quelques recommandations de Charlotte Sénéchal pour parler en public.

■ Ayez **un objectif** clair, **traitez le sujet** annoncé.
■ Ne faites pas de **digressions** (ne vous écartez pas du sujet), allez à l'essentiel, ne dépassez pas **le temps imparti** (donné).
■ Adaptez votre langage à **l'auditoire** (= au public).
■ Racontez des **anecdotes** (petites histoires), ayez un peu d'humour.

Voici des mots ou expressions qu'un **orateur** utilise pour :
– introduire un exemple : **par exemple, je vous donne un exemple** ;
– ajouter : **de plus, en outre, aussi, également** ;
– rectifier : **en fait, en réalité, en vérité** ;
– conclure : **en conclusion, pour conclure, en définitive, finalement**.

Voici ce qu'il peut dire à la fin de son exposé :
« **Je répondrai maintenant volontiers à vos questions**. »

B. VOIX, GESTES, REGARD

■ Parlez **fort** (**à voix haute**), et au bon rythme. Respirez, parlez **distinctement**, ar-ti-cu-lez. Ne soyez pas **monotone**, mettez de **l'intonation** dans votre voix.
■ **Faites des pauses**, des silences. Pour **mobiliser l'attention**, arrêtez-vous de parler pendant quelques secondes. Un petit silence peut réveiller ceux qui dorment.
■ Ouvrez vos bras en direction de l'auditoire.
■ Regardez l'auditoire. Posez votre regard sur chaque personne.
■ Soyez **détendu** (pas nerveux) et **gardez le contact avec** le public.

C. FACE AUX PERTURBATEURS

Avant de prendre la parole en public, beaucoup de personnes **ont le trac**. Elles ont peur des réactions du public. Pour faire face aux **perturbateurs** (les personnes qui dérangent), voici ce que Charlotte Sénéchal recommande.

■ **Les retardataires** : s'ils sont bruyants, arrêtez-vous de parler jusqu'à ce qu'ils soient installés.
■ **Les bavards** : demandez-leur s'ils ont des remarques à formuler.
■ **Les contestataires** : écoutez-les avec attention et sérieux, et répondez-leur calmement.
■ **Les somnolents** : s'ils sont nombreux à **somnoler** (dormir), vous devez trouver le moyen de les réveiller.

Vous devez trouver le moyen de les réveiller.

PARLER EN PUBLIC 2

EXERCICES

1 Complétez les mentions manquantes.

Julia Lepage est une bonne oratrice.
1. On comprend facilement où elle veut aller, son o_____ est clair.
2. Le c_____ est adapté au s_____ annoncé et répond aux attentes de l'a_____ .
3. Elle ne cherche pas à trop dire, elle respecte le temps i_____ .
4. Elle raconte des a_____ , mais elle ne fait pas de d_____ inutiles.

2 🎧 15 Associez. Puis écoutez pour vérifier.

Arthur Le Breton n'est pas un bon orateur.

1. Il n'est pas à l'aise, il semble nerveux, on dirait qu'il a peur. ⇒ **b**
2. On n'a pas le temps de prendre des notes. ⇒ ...
3. Il parle toujours sur le même ton, il finit par endormir le public. ⇒ ...
4. Il ne respire pas. Du début à la fin, il parle sans s'arrêter. ⇒ ...
5. Il est assis, immobile, les bras croisés sur la table. ⇒ ...
6. Ses yeux fixent quelque chose au plafond. ⇒ ...
7. Les gens assis au fond de la salle n'arrivent pas à l'entendre. ⇒ ...
8. Il avale ses mots, et ce qu'il dit est difficilement compréhensible. ⇒ ...

a. Il parle trop vite.
b. Il a le trac.
c. Il n'articule pas.
d. Il ne bouge pas.
e. Son discours est monotone.
f. Il ne fait pas de pause.
g. Il ne parle pas assez fort.
h. Il ne regarde pas le public.

3 Complétez les mentions manquantes avec *en outre, en fait, par exemple, pour conclure*.

1. Elle devait prendre longuement la parole pendant la réunion. _____ , elle n'a pas dit un mot.
2. Il connaît bien son sujet. _____ , c'est un excellent orateur.
3. La salle de conférence est en mauvais état. _____ , de nombreux sièges sont cassés.
4. _____ , je dirais que pour bien parler en public, mieux vaut connaître les techniques dont j'ai parlé au cours de cet exposé.

13 NÉGOCIATION 1 : SITUATIONS

A. TYPES DE NÉGOCIATIONS

La négociation est une suite d'**entretiens** (discussions), d'échanges de **points de vue** (opinions), de demandes. Le but de la négociation est de **parvenir** (arriver) **à un accord**, de **conclure une affaire**. Une personne qui **mène une négociation** est **un négociateur** ou **une négociatrice**.

Il y a de nombreux types de négociation. Exemples : **une négociation commerciale** entre un vendeur et un acheteur, **une négociation diplomatique** entre plusieurs États, **une négociation salariale** entre la direction d'une entreprise et un syndicat, etc.

Une négociation internationale

B. AVANCÉE DE LA NÉGOCIATION

À l'ouverture de (= au début de) la négociation, les négociateurs **font connaissance**. Ils cherchent à **engager** = **entamer** = **débuter** la négociation dans **un climat de confiance**. Ensuite, la négociation **progresse** = elle **est en bonne voie**. Bientôt, elle est sur le point d'**aboutir** = de **réussir**.

Certaines négociations sont longues et difficiles. Les **rapports** (les relations) sont **conflictuels** = les négociateurs **sont en conflit**. À tout moment, une négociation peut **capoter** = **échouer** (= ne pas réussir). Quand personne ne veut **céder** = **faire des concessions** (abandonner un point de la discussion), la négociation ne peut plus avancer. Il y a un **blocage**. On dit que la négociation est **dans l'impasse**.

Dans certains cas, on est obligé de **rompre** la négociation = la négociation **est rompue**. On parle alors d'**échec** de la négociation. C'est dommage, car il est toujours préférable de régler un conflit **par la voie de la négociation.**

C. CONDITIONS DE RÉUSSITE

Nolwen Lepage est **agent immobilier**. C'est une négociatrice **avertie** (expérimentée). Voici ses conseils pour mener une bonne négociation :

« D'abord, vous devez bien vous préparer : pensez à vos **objectifs**, analysez les **enjeux** (ce que vous voulez gagner ou perdre), évaluez vos **forces** et vos **faiblesses**, prenez des informations (sur le produit, sur votre **interlocuteur**, etc.).
– **Faites le point** des problèmes à **résoudre**.
– **Mettez-vous d'accord** avec votre interlocuteur sur la façon de **traiter** les problèmes.
– **Questionnez**-le sur sa vision du problème. Ecoutez-le.
– Si nécessaire, **faites** un peu de **chantage** (« Si vous ne faites pas ceci, vous n'obtiendrez pas cela »), mais n'essayez pas de le **tromper**. »

NÉGOCIATION 1 : SITUATIONS

EXERCICES

1 Les situations suivantes POURRAIENT-ELLES être des situations de négociation ?

	OUI	NON
1. Vous achetez une voiture.	☐	☐
2. Vous vendez votre voiture.	☐	☐
3. Vous voulez obtenir une augmentation de salaire.	☐	☐
4. Vous discutez avec un collègue de travail.	☐	☐
5. Vous êtes au téléphone avec votre cousine.	☐	☐
6. Vous êtes seul au bureau en train de lire votre journal.	☐	☐

2 Complétez les mentions manquantes.

1. La négociation a d_____ à 9 heures précises.
2. Deux heures plus tard, à 11 heures, Félix Cointre, l'un des n_____ , déclare que la négociation est en b_____ v_____ et que les entretiens se poursuivent normalement.
3. À 15 heures, coup de théâtre : Félix Cointre explique que les r_____ sont devenus extrêmement c_____ . « J'ai peur que nous soyons dans une i_____ , *précise-t-il*, personne ne veut c_____ quoi que ce soit, nous aurons beaucoup de mal à p_____ à un accord ».
4. À 17 heures 20, Félix Cointre annonce que la négociation est définitivement r_____ .

3 Vrai ou faux ?

	VRAI	FAUX
1. Au travail, nous avons souvent l'occasion de négocier.	☐	☐
2. Il faut réfléchir à ses objectifs avant de négocier.	☐	☐
3. On perd du temps à analyser les enjeux.	☐	☐
4. Au début, il est important d'établir un climat de confiance.	☐	☐
5. Mieux vaut contester dès le départ ce que dit l'autre.	☐	☐
6. Il ne suffit pas de questionner, il faut aussi écouter les réponses.	☐	☐
7. Il ne faut jamais faire le moindre chantage.	☐	☐
8. Il est utile de faire le point de temps en temps sur les progrès de la négociation.	☐	☐
9. Un bon négociateur ne fait jamais de concession.	☐	☐
10. Au cours d'une négociation, il vaut mieux montrer ses forces et dissimuler (cacher) ses faiblesses.	☐	☐

NÉGOCIATION 2 : STRATÉGIES

Selon Nolwen Lepage, une experte de la négociation, les négociateurs peuvent adopter une stratégie **compétitive** ou une stratégie **coopérative**.

A. COMPÉTITION

Nolwen Lepage : « Quand les négociateurs jouent **la compétition**, ils acceptent de **s'asseoir à la table de négociation**, mais ils ne **se font** pas **confiance**. Ils cherchent à **maximiser** leurs **gains**, c'est-à-dire à augmenter au maximum ce qu'ils gagnent. Leur relation est basée sur un **rapport de force** : le plus fort **gagne**. Après la négociation, **la partie perdante** cherche, si elle le peut, à **remettre en cause** (= à ne pas appliquer) **l'accord**. »

Stratégie compétitive

B. COOPÉRATION

Nolwen Lepage : « Si les négociateurs décident de **coopérer,** ils vont essayer de **réaliser un projet en commun**. Ils se font **mutuellement** confiance. Ils souhaitent **instaurer une relation à long terme**, et non pas **à court terme**. Ils **font des concessions** pour arriver à **un compromis** (un arrangement). Ils ne cherchent pas à **imposer** (faire accepter par la force) leurs solutions. Finalement, il n'y a pas de **perdant**. Tout le monde gagne quelque chose. C'est une stratégie **gagnant-gagnant**. »

Stratégie coopérative

C. CHOISIR SA STRATÉGIE

Nolwen Lepage parle de son **expérience** :

« Je cherche d'abord à connaître **la position** de l'autre. Au cours de la négociation, je n'hésite pas à changer de stratégie selon les circonstances. Une stratégie n'est pas **statique** : elle peut évoluer.

Dans la dernière négociation que j'ai **menée**, mon interlocuteur et moi-même sommes tout de suite **tombés d'accord** pour coopérer. Tout au long de la négociation, nous avons cherché à **calmer les tensions**, à **minimiser** (diminuer le plus possible) les obstacles. Plusieurs fois, **je suis revenu sur ma position** (j'ai changé d'avis). Finalement, nous avons trouvé **un terrain d'entente** (une position commune). Nous avons réussi à **passer une transaction** (un contrat) **avantageuse** pour les deux parties. »

NÉGOCIATION 2 : STRATÉGIES

EXERCICES

1 Compétition ou coopération ?

	COMPÉTITION	COOPÉRATION
1. Les parties sont adversaires.	☐	☐
2. On cherche un terrain d'entente.	☐	☐
3. On essaye de trouver un accord.	☐	☐
4. On veut se montrer le plus fort.	☐	☐
5. On fait confiance.	☐	☐
6. On fait des concessions.	☐	☐
7. On menace.	☐	☐
8. On fait son possible pour éviter les tensions.	☐	☐
9. On souhaite entretenir des relations à long terme.	☐	☐

2 Complétez les mentions manquantes avec les mots suivants :
compromis – gains – intérêts – partie – projet – relation – stratégie – transaction

1. Ils réalisent ensemble un grand _____ .
2. Elle cherche à maximiser ses _____ .
3. Ils ont passé une _____ .
4. Ils ont trouvé un _____ .
5. Ils veulent instaurer une _____ durable.
6. Elle a brusquement changé de _____ .
7. Elle représente la _____ adverse.
8. Nous essayons de respecter les _____ de tout le monde.

3 Remplacez les mots barrés par les mots qui conviennent.

1. Ils se sont assis à la ~~chaise~~ _____ de négociation.
2. Il cherche à ~~refaire~~ _____ en cause l'accord qui a été passé.
3. Ils n'ont pas réussi à ~~se porter~~ _____ d'accord.
4. Elle est têtue : elle ne revient jamais sur ~~son avis~~ _____ .
5. Avant toute négociation, il faut soigneusement analyser le ~~tour~~ _____ de force.
6. À la fin d'une négociation, il y a souvent un gagnant et un ~~gagnant~~ _____ .
7. Ils ne ~~s'accordent~~ _____ pas confiance.
8. Ils ont finalement trouvé ~~une terre~~ _____ d'entente.

trente-sept • 37

15 NÉGOCIATION 3 : ENTRE CULTURES

A. SITUATION INTERCULTURELLE

Tony Fritsch, consultant, parle de la culture : « **La culture**, c'est la manière dont un groupe fait les choses. Le groupe peut être familial, professionnel, religieux, social, national, etc. Ainsi, par exemple, chaque famille, chaque métier, chaque religion a sa propre culture.

Quand des personnes appartenant à des cultures différentes se rencontrent, elles se retrouvent dans une situation **interculturelle**. La communication est parfois difficile parce que chacun a des habitudes, des **valeurs** (ce qui est vrai, beau, bien, etc.), des règles, des **comportements** (attitudes) différents. Ces différences peuvent être à l'origine de **malentendus** – on croyait se comprendre, mais on ne s'est pas compris – ou même de **conflits**. »

B. OBJECTIFS

Imaginons trois négociateurs, Jennifer, Yoshi et Félix, chacun étant le stéréotype d'une culture différente, avec ses propres priorités dans la négociation.
- Jennifer : elle veut être **performante**, c'est-à-dire obtenir des résultats. « Je suis là pour **faire des affaires**, pour **gagner de l'argent**. », dit-elle très franchement.
- Yoshi : il voudrait **aboutir** (arriver) **à un consensus** (= **un accord mutuel**), il fait son possible pour mettre tout le monde d'accord.
- Félix : il veut que les autres remarquent combien il est intelligent.

C. COMMUNICATION

Dans une négociation, chacun a une manière différente de se comporter, de s'exprimer, de saluer, de s'habiller, etc.
- Jennifer : elle est **pragmatique** et **directe**. Elle veut rapidement **entrer dans le vif du sujet** (parler du point essentiel). Elle pose à Yoshi des tas de questions indiscrètes. Elle est habillée (de façon) **décontractée** (relax).
- Yoshi : il est **réservé** et **courtois** (poli). Il sourit beaucoup. Il réfléchit longtemps avant de parler. Quand il dit « Nous étudierons votre proposition », cela signifie « Votre proposition ne nous intéresse pas ».
- Félix : En arrivant à la réunion, il **serre la main** des participants. Quand il parle, il est **logique**, **abstrait**, souvent **passionné**. Il apprécie les **déjeuners d'affaires** au restaurant.

D. PRISE DE DÉCISION

Chaque négociateur a sa manière de **prendre une décision.**
- Jennifer : c'est **une fonceuse** (elle **agit** et décide vite) et **une battante** (elle aime se battre… pour gagner).
- Yoshi : il a besoin de **collecter** beaucoup d'informations avant de prendre une décision.
- Félix : il hésite, il n'aime pas **prendre de risques**, il **se méfie** des autres (= il n'a pas confiance dans les autres).

NÉGOCIATION 3 : ENTRE CULTURES

EXERCICES

1 À quelle culture se réfère chacune des situations suivantes ?

1. Chez les Dupont, on mange en regardant la télévision. ⇒ **c**
2. Comme tous les Français, il est arrivé en retard à la réunion ⇒ …
3. Avant d'ouvrir la négociation, ils ont fait une prière. ⇒ …
4. Les deux négociateurs, deux grands et riches bourgeois, s'entendent très bien. ⇒ …
5. Un colloque scientifique international se tient en ce moment à Bruxelles. ⇒ …
6. Dans cette banque, tous les hommes portent un costume noir. ⇒ …

a. Nationalité
b. Profession
c. Famille
d. Religion
e. Entreprise
f. Milieu social

2 Associez.

1. Entrer ⇒ …
2. Serrer ⇒ …
3. Prendre ⇒ …
4. Faire ⇒ …
5. Obtenir ⇒ …
6. Aboutir ⇒ …

a. la main
b. des résultats
c. à un consensus
d. dans le vif du sujet
e. des affaires
f. une décision

3 🎧 16 Trouvez le mot manquant à la page ci-contre. Puis écoutez pour vérifier.

1. – Je le trouve un peu hypocrite, pas toi ?
   – Ah bon ? Moi, au contraire, je le trouve toujours franc et _____ .

2. – Elle voit toujours le côté pratique des choses.
   – Tu as raison, c'est quelqu'un de _____ .

3. – C'est un intellectuel, il n'a pas l'esprit très concret.
   – C'est vrai, tout ce qu'il dit est _____ .

4. – Est-ce qu'il se laisse décourager facilement ?
   – Absolument pas, les obstacles ne lui font pas peur, c'est un _____ .

5. – Il se contredit sans arrêt, un jour il dit « blanc », un autre jour il dit « noir ».
   – Je suis d'accord avec toi, il n'est pas très _____ .

6. – C'est un grossier personnage, il manque totalement d'éducation.
   – Avec moi, au contraire, il s'est toujours montré poli et _____ .

7. – Il fait les choses trop vite, il devrait réfléchir un peu avant d'agir.
   – On ne le changera pas, c'est un _____ .

TYPES D'ENTREPRISES 1

A. AUTOUR DE L'ENTREPRISE

Une entreprise produit et **vend** des **biens** et / ou des **services dans un but lucratif** (= pour gagner de l'argent).

Dans certains cas, on utilise les mots suivants pour désigner une entreprise :
– **Une firme** : c'est une grande entreprise.
– **Une exploitation** : **exploitation agricole, exploitation minière,** etc.
– **Une compagnie** : **compagnie d'assurances, compagnie d'aviation, compagnie de navigation, compagnie de chemin de fer**, etc.
– **Une agence** : **agence de publicité, agence matrimoniale, agence de voyage, agence immobilière,** etc.

Une entreprise peut avoir plusieurs **établissements**, situés à des endroits différents.

Un établissement est **une unité de production** (ex. : **une usine**) ou **une unité commerciale** ou **administrative** (= **une succursale**) qui appartient à l'entreprise, mais qui fonctionne de façon relativement indépendante.

Une exploitation agricole

NOTE : Le mot « **société** » est un terme juridique. L'économiste parle de l'entreprise Dupont alors que le juriste préfère parler de la société Dupont.

B. TAILLE DES ENTREPRISES

Pour mesurer **la taille** (= la dimension) d'une entreprise, on utilise généralement deux critères : **le chiffre d'affaires** et le nombre de **salariés** (travailleurs).

Le chiffre d'affaires est le total des ventes d'une période déterminée. Le chiffre d'affaires annuel correspond à toutes les ventes réalisées par l'entreprise pendant un an. Plus le chiffre d'affaires est élevé, plus l'entreprise est grande.

Selon le nombre de salariés, on peut distinguer :
– les **très petites entreprises** : moins de 10 salariés ;
– les **petites entreprises** : de 10 à 50 salariés ;   ⎫ Les **PME** (petites et
– les **moyennes entreprises** : de 50 à 500 salariés ;   ⎭ moyennes entreprises)
– les **grandes entreprises** : plus de 500 salariés.
On parle même d'**entreprises géantes**. On dira, par exemple, que la société IBM est **un géant** de l'informatique.

Une entreprise locale est une entreprise qui exerce ses activités dans une région déterminée. **Une entreprise multinationale** = **une multinationale** est présente dans plusieurs pays.

TYPES D'ENTREPRISES 1

EXERCICES

1 Vrai ou faux ?

	VRAI	FAUX
1. Un établissement peut avoir plusieurs entreprises.	☐	☐
2. Une entreprise peut avoir plusieurs succursales.	☐	☐
3. Un employé de bureau travaille généralement dans une usine.	☐	☐
4. IBM est à la fois une entreprise et une société.	☐	☐

2 Parmi les « organismes » suivants, soulignez ceux qui sont des entreprises.

- La Croix-Rouge
- Un hôtel
- Un hôpital public
- Le Ministère de la Défense
- Toyota
- Une compagnie d'assurance

3 Associez.

1. Une exploitation ⇒ ...
2. Une compagnie ⇒ ...
3. Une agence ⇒ ...
4. Une entreprise ⇒ ...

a. d'aviation
b. agricole
c. informatique
d. de publicité

4 Complétez les mentions manquantes. Puis écoutez pour vérifier.

Il existe des entreprises de toutes tailles. Par exemple, la boulangerie du coin de la rue est une entreprise, tout comme la m_____ qui emploie des milliers de s_____ et qui réalise des centaines de millions d'euros de c_____ d'a_____ par an dans le monde entier. Aujourd'hui, les entreprises sont de plus en plus g_____. Certaines sont même devenues des entreprises g_____. Mais de nombreuses p_____ et m_____ entreprises (les P_____) restent encore très dynamiques.

Une très petite entreprise

TYPES D'ENTREPRISES 2

A. ACTIVITÉS DES ENTREPRISES

L'exploitation agricole	C'est une ferme. On y **cultive** des légumes, des fruits, des céréales, etc. On peut aussi y pratiquer **l'élevage**.
L'entreprise industrielle	Elle transforme et fabrique des biens matériels en grandes quantités. Ex. : **une entreprise automobile**, **une entreprise agroalimentaire** (Danone).
L'entreprise artisanale	Une personne, **l'artisan**, travaille **pour son propre compte** en exerçant **un métier** (travail) **manuel** (avec les mains). L'artisan est **un ouvrier qualifié** (= qui a reçu **une formation professionnelle** particulière). Il peut être aidé par un **apprenti** (une personne **en apprentissage** = qui apprend **le métier**). Ex. : **un plombier, un menuisier, un tailleur**, etc.
L'entreprise commerciale	Elle achète et vend des biens *sans* les transformer. Ex. : **une épicerie, un supermarché, une librairie**, etc.
L'entreprise de services	Elle vend des services. Exemples : **une agence de voyage, une entreprise de transport**, etc.

B. À QUI APPARTIENNENT LES ENTREPRISES ?

Une entreprise publique appartient à l'État. Son rôle principal est de **rendre un service public**. Ex. : **une entreprise de transport public** comme la SNCF (Société Nationale des Chemins de Fer). La notion de service public est différente selon les pays : cela dépend de la place de l'État dans l'activité économique.

Une entreprise privée appartient :
– soit à une seule personne : on parle alors d'**entreprise individuelle**,
– soit à plusieurs personnes qui **s'associent** pour créer **une personne juridique**, qu'on appelle **une société** ; la société est alors propriétaire de l'entreprise.

NOTE : **une entreprise familiale** est une entreprise qui appartient à une famille.

Comme chaque pays a son propre système juridique, les types de société diffèrent d'un pays à l'autre. Selon le pays où se trouve **le siège social** (= l'adresse principale de la société), on parlera de **société de droit japonais**, de **société de droit allemand**, etc.

À l'intérieur d'un même pays, il existe de nombreux types de sociétés. En France, par exemple, une entreprise peut avoir **la forme** d'une **société anonyme (SA)**, d'une **société à responsabilité limitée (SARL)**, d'une **société en nom collectif (SNC)**, etc.

Une entreprise privée peut être **nationalisée** (= achetée par l'État) et une entreprise publique peut être **privatisée** (= vendue par l'État). En France, à certaines époques (1945, 1981), il y a eu beaucoup de **nationalisations**. À d'autres époques (à partir de 1996), au contraire, il y a eu des **privatisations**.

TYPES D'ENTREPRISES 2

EXERCICES

1 Vrai ou faux ?

	VRAI	FAUX
1. Air France est une entreprise industrielle.	☐	☐
2. Carrefour est une entreprise commerciale.	☐	☐
3. Une petite boulangerie est une entreprise artisanale.	☐	☐
4. Nestlé et Danone sont des exploitations agricoles.	☐	☐

2 Associez.

1. société ⇒ ...
2. siège ⇒ ...
3. entreprise ⇒ ...
4. personne ⇒ ...
5. transport ⇒ ...
6. métier ⇒ ...

a. individuelle
b. public
c. anonyme
d. manuel
e. social
f. juridique

3 Voici un extrait de trois différents entretiens. Complétez les mentions manquantes. Puis écoutez pour vérifier.

■ *Entretien 1*

– Vous travaillez chez un artisan plombier, n'est-ce pas ?
– Oui, c'est exact, mais pour le moment, j'apprends le _____ , je suis seulement un _____ .
– Combien de temps dure l'_____ ?
– Trois ans, et après je pourrai m'installer comme artisan à mon propre _____ .

■ *Entretien 2*

– À votre avis, faut-il _____ les entreprises publiques ?
– Non, je ne suis pas favorable aux _____ , l'État ne doit pas vendre ses entreprises.
– Alors, êtes-vous favorable aux _____ ?
– Non plus, je pense qu'il faut laisser les choses comme elles sont : les entreprises _____ doivent rester privées et les entreprises _____ doivent rester _____ .

■ *Entretien 3*

– Il y a cinq ans, mon frère et moi nous sommes _____ pour créer notre entreprise.
– Une entreprise _____ , alors ?
– Exactement, c'est une affaire de famille.
– Et où se trouve-t-elle, cette entreprise ?
– Le _____ social est à Bruxelles. C'est une _____ de _____ belge.

quarante-trois • 43

SECTEURS D'ACTIVITÉ

A. ACTIVITÉ PRINCIPALE

Un secteur est un ensemble d'entreprises exerçant la même activité principale.

Mathieu, 34 ans, travaille dans un laboratoire spécialisé dans la recherche en **biotechnologie**.

« **Le laboratoire** appartient à un grand groupe **pharmaceutique**. La biotechnologie est une activité de plus en plus importante, *explique-t-il*. Pour certaines entreprises, c'est même devenu l'activité principale. »

Mathieu travaille dans le secteur pharmaceutique. Il existe bien d'autres **secteurs d'activité**. En voici quelques-uns :

Secteurs	
• **agroalimentaire** : produits alimentaires • **automobile** : automobiles • **bancaire** : banques • **immobilier** : immeubles • **informatique** : ordinateurs • **textile** : tissus, vêtements • **pétrolier** : pétrole	• **de la distribution :** grand et petit commerce • **des télécommunications :** téléphonie, services Internet • **du tourisme** : voyages, loisirs • **de l'hôtellerie** : hôtels • **de la restauration** : cafés, restaurants • **des médias** : journaux, télévision, cinéma

Certains secteurs **se portent bien** : ils sont **en pleine croissance** (ils se développent). Ce sont **des secteurs de croissance** = **des secteurs d'avenir** = **des secteurs porteurs**.

D'autres secteurs **se portent mal** : ils **sont en difficulté**. Ce sont des secteurs **en crise**.

B. PRIMAIRE, SECONDAIRE, TERTIAIRE

On peut classer **les actifs** (les gens qui travaillent) dans trois grands secteurs :
– **le secteur primaire** : activités agricoles (agriculture, forêts, pêche) et minières (extraction de matières premières. Ex. mines de charbon).
– **le secteur secondaire** : production industrielle et artisanale.
– **le secteur tertiaire** : services (transports, assurances, commerce, administrations, etc.)

Personnes au travail dans une entreprise du tertiaire

SECTEURS D'ACTIVITÉS

EXERCICES

1 Les phrases suivantes sont extraites de la presse économique. À quel secteur d'activité se réfère chacune d'elles ?

	Secteurs
1. Sur le site Internet de Carrefour, vous pouvez faire vos achats en ligne.	*distribution*
2. Les ventes de logements neufs sont restés très dynamiques.	_____
3. L'usine de Montluçon produit des camions et des autobus.	_____
4. Les adolescents s'habillent de plus en plus tôt en tailles adultes.	_____
5. Le laboratoire de Lyon a découvert deux nouvelles molécules dans le domaine du diabète.	_____
6. Paris reçoit annuellement 26 millions de visiteurs.	_____
7. Joël Carlier est le spécialiste incontesté de la nouvelle cuisine.	_____
8. Le plus gros fabricant d'ordinateurs au monde est américain.	_____
9. La société Fournil fabrique des viennoiseries surgelées (croissants, brioches, etc.).	_____
10. Les réserves mondiales de brut au Moyen-Orient s'élèvent à environ 360 milliards de barils.	_____
11. Le crédit reste fortement encadré par l'État.	_____
12. Un prix spécial a été décerné au film *Les images du travail à la chaîne* de Alain P. Michel.	_____

2 Dans quel secteur d'activité travaillent-ils ?

	PRIMAIRE	SECONDAIRE	TERTIAIRE
1. Un directeur d'hôtel	☐	☐	☐
2. Un employé de banque	☐	☐	☐
3. Un artisan menuisier	☐	☐	☐
4. Un ouvrier agricole	☐	☐	☐
5. Un ouvrier d'usine	☐	☐	☐
6. Un agriculteur	☐	☐	☐
7. Un chauffeur de taxi	☐	☐	☐
8. Un agent immobilier	☐	☐	☐

3 🎧 19 Primaire, secondaire ou tertiaire ? Complétez. Puis écoutez pour vérifier.

Le secteur _____ joue aujourd'hui un rôle prédominant dans l'économie des pays riches. La définition la plus courante de ce secteur est négative : les activités qui ne font partie ni du secteur _____ , comme l'agriculture, ni du secteur _____ , comme l'industrie, font partie du secteur _____ .

19 CULTURE D'ENTREPRISE 1

A. LA CULTURE D'ENTREPRISE, QU'EST-CE QUE C'EST ?

Tony Fritsch, consultant, parle de la culture d'entreprise : « L'entreprise est un groupe social avec son langage, son histoire, ses valeurs, ses interdits, ses tabous, ses rites, ses symboles, etc. Une entreprise est comme une grande famille. Dans chaque entreprise, il y a **un climat social** particulier, un « **esprit maison** », comme on dit. »

Tony Fritsch : « La manière dont **le temps de travail** est **aménagé** (organisé) est un bon indicateur de la culture de l'entreprise. »

B. GESTION DU TEMPS

Pierre Corbeau travaille chez GASS, une entreprise de 65 salariés qui fabrique des filtres à eau. Il parle des **horaires de travail** :

« Nous avons des **horaires variables** : nous pouvons arriver entre 8 heures et 10 heures du matin, et partir entre 16 et 19 heures.
À chaque fois que vous arrivez ou que vous partez, vous devez **pointer** (= enregistrer l'heure). **La pointeuse** (machine qui sert à pointer) se trouve dans le hall d'entrée. Chacun est libre d'aménager **son emploi du temps** (= **planning**) comme il veut. »

L'entreprise NAVARRO est un autre fabricant de filtres à eau, mais chez Navarro il n'y a ni horaires variables ni pointeuse. Victor Michon, qui travaille chez Navarro, explique comment les choses fonctionnent :

« Nous devons arriver au bureau à 9 heures précises. Madame Fauvel, la directrice, est très stricte sur l'heure. Elle-même est toujours **ponctuelle**. Pour elle, **la ponctualité** est très importante. Les réunions commencent toujours **à l'heure prévue**, et il est très mal vu d'arriver **en retard**. Chez Navarro, **la discipline** est très stricte. On est un peu comme à l'armée.

Tous les lundis, de 9 heures à 10 heures, nous établissons l'emploi du temps **hebdomadaire** (= de la semaine). Madame Fauvel établit **un tableau** détaillé indiquant **la répartition des tâches** (travail). Notre emploi du temps est extrêmement **chargé**. Madame Fauvel dit toujours que le **temps, c'est de l'argent** et qu'**il n'y a pas une minute à perdre**. »

CULTURE D'ENTREPRISE 1

EXERCICES

1. 🎧 20 Différentes personnes parlent de l'aménagement du temps de travail dans leur entreprise. Complétez les mentions manquantes. Puis écoutez pour vérifier.

1. Je peux a_____ mon t_____ de t_____ comme je veux parce que nous avons un système d'horaires v_____ .

2. Depuis qu'ils ont installé une p_____ à l'entrée, je dois travailler plus. Avant, je prenais au moins deux heures pour le déjeuner. Maintenant qu'il faut p_____ , je déjeune en 30 minutes.

3. On a tous énormément de travail, nos e_____ du t_____ sont très c_____ . Mais le temps, c'est de l'a_____ , comme on dit, et c'est pourquoi on ne veut pas p_____ une m_____ .

4. La p_____ , chez nous, ça n'existe pas, les réunions ne commencent jamais à l'heure p_____ . Mais comme tout le monde arrive en r_____ , il n'y a pas de problème.

5. Ici, vous êtes l_____ de travailler quand vous voulez, chacun a ses propres h_____ de travail, on ne vous demande même pas combien d'h_____ vous travaillez ou si même vous travaillez.

6. Le problème, c'est que la r_____ des tâches n'est pas très précise, on ne sait pas exactement qui fait quoi.

7. Le directeur est un ancien militaire, et il se croit encore à l'armée. Il ne tolère aucun r_____ et il nous impose une d_____ très s_____ .

8. Je travaille dans une e_____ de huit personnes. Nous avons réparti les t_____ de chacun aussi précisément que possible. Regardez comme tout est clairement détaillé dans ce t_____ .

CULTURE D'ENTREPRISE 2

A. DISTANCE HIÉRARCHIQUE

Tony Fritch est consultant en entreprise. Il parle de deux entreprises qu'il connaît bien : la société Delattre et la société Miok.

« Dans une entreprise, **la distance hiérarchique** entre **les supérieurs** (les directeurs) et **les subordonnés** (les « inférieurs ») peut être plus ou moins longue. Chez Delattre, la distance hiérarchique est longue : les **supérieurs hiérarchiques** ont des relations **distantes** avec les employés. Par exemple, pour rencontrer le patron, un employé doit prendre rendez-vous avec la secrétaire au moins deux semaines à l'avance.

Dans l'entreprise Miok, en revanche, les supérieurs sont facilement **accessibles** : on peut les rencontrer facilement. **La hiérarchie** est **plate** : il n'y a pas beaucoup d'**échelons** (= **niveaux**) **hiérarchiques**. Le directeur général de Miok est toujours **disponible** pour écouter **ses collaborateurs**. Sa porte est tout le temps grand ouverte. »

B. SYMBOLES

Tony Fritch : « Chez Delattre, on attache beaucoup d'importance **au statut social** et particulièrement **au statut hiérarchique**.

Le directeur **occupe** un immense bureau au dernier étage d'une tour de 30 étages. Il vient au travail dans sa grosse voiture, il ne prend jamais **les transports en commun** (bus, métro, etc.). Il soigne **sa tenue vestimentaire** (vêtements) : il est très chic et porte toujours un **costume cravate**.

Quand il **est en voyage d'affaires**, il **prend l'avion en classe affaires**, jamais **en classe économique**, et bien sûr, il **descend** dans des **hôtels quatre étoiles**. »

C. LANGAGE

Dans les entreprises françaises, l'utilisation de « monsieur » ou de « madame » est un **signe** de respect et marque aussi les différences de statut hiérarchique.

Tutoyer (dire « tu ») ou **vouvoyer** (dire « vous ») n'a pas toujours une signification claire. Dans certains milieux, on **se tutoie** facilement et dans d'autres milieux, tout le monde **se vouvoie**.

Tony Fritch : « **Le tutoiement** n'implique pas nécessairement des relations **étroites**, et **le vouvoiement** ne veut pas nécessaire dire que les relations sont distantes. Chez Miok, par exemple, bien que le patron soit **proche** du personnel, tout le monde le vouvoie. »

> Jacques, vous avez réservé mon vol pour Bangkok ?
>
> Oui, madame.

CULTURE D'ENTREPRISE 2

EXERCICES

1   Dans chacune des situations suivantes, dites si la distance hiérarchique est courte ou longue.

	COURTE	LONGUE
1. Il n'y a que trois niveaux hiérarchiques entre le grand patron et l'employé de base.	☐	☐
2. Dans le restaurant de l'entreprise, une salle est spécialement réservée au personnel de direction.	☐	☐
3. Les supérieurs hiérarchiques préfèrent garder une certaine distance avec leurs subordonnés.	☐	☐
4. Pour rencontrer le directeur, il suffit de frapper à la porte de son bureau et d'entrer.	☐	☐
5. Pour prendre rendez-vous avec madame la directrice, vous devez appeler l'un de ses trois secrétaires.	☐	☐
6. Le directeur n'a pas de subordonnés, il n'a que des collaborateurs.	☐	☐

2   Dites le contraire en remplaçant l'adjectif.

1. Il travaille dans un bureau *minuscule*.   ⇒ **Il travaille dans un immense bureau.**
2. Ils entretiennent des relations *distantes*. ⇒ _____
3. Il est tout le temps *occupé*.   ⇒ _____
4. C'est quelqu'un de tout à fait *inaccessible*. ⇒ _____
5. Elle est très *éloignée* de son personnel.   ⇒ _____
6. La hiérarchie est *élevée*.   ⇒ _____

3   Terminez les phrases.

1. Il fait un voyage   ⇒ e   a. social
2. Il voyage en classe   ⇒ …   b. quatre étoiles.
3. Il descend dans des hôtels   ⇒ …   c. cravate
4. Il travaille en costume   ⇒ …   d. affaires
5. Il surveille sa tenue   ⇒ …   e. d'affaires.
6. Ils n'ont pas le même statut   ⇒ …   f. en commun
7. Il prend les transports   ⇒ …   g. vestimentaire

4   Complétez avec les mots suivants : *tutoyer, vouvoyer, se tutoyer, se vouvoyer*.

1. Au bureau, il est normal de _____ un collègue de travail et de _____ le directeur.
2. On pourrait _____, qu'en pensez-vous ?
3. Bien qu'ils se connaissent depuis longtemps, ils continuent de _____.

quarante-neuf • 49

21 CROISSANCE DE L'ENTREPRISE

A. CROISSANCE INTERNE

Une entreprise **croît** ou **se développe** quand son chiffre d'affaires ou quand le nombre de ses salariés augmente.

On parle de **croissance interne** quand l'entreprise se développe par ses propres moyens.

C'est le cas, par exemple, de la société Danone, du jour de **sa création** en 1919 jusqu'aux années 60.

1919	Isaac Carasso, **le fondateur** (= le créateur) de la société Danone, commence **la fabrication** de yaourts dans un petit **atelier**.
1932	Isaac Carasso construit **une usine** à Levallois-Perret, dans la région parisienne.
1958	Danone **modernise** ses **installations** (= équipements) à Levallois-Perret et construit une autre usine, la plus moderne d'Europe, qui **fabrique** 200 000 pots par jour.
1960	Danone **est en plein essor** (= **en pleine croissance**). L'entreprise vend ses produits dans toute la France.

B. CROISSANCE EXTERNE

Dans le cas d'**une croissance externe**, l'entreprise se développe en rachetant d'autres entreprises. C'est le cas de Danone, après 1967.

1967	Année de **la fusion** : Danone **fusionne** avec **le fabricant** de fromages frais Gervais. L'entreprise s'appelle maintenant **Gervais-Danone**.
1973	Année de **l'absorption** : la société BSN **absorbe** (achète) Gervais Danone. L'entreprise s'appelle maintenant BSN.
1999	BSN abandonne son nom pour s'appeler Danone.
Aujourd'hui	Danone est devenu **un leader mondial** sur plusieurs **produits alimentaires**.

Danone est aujourd'hui **un groupe** de plusieurs entreprises : **une société mère**, dont **le siège** est en France, **contrôle** d'autres sociétés, appelées des **filiales**. Une filiale appartient à plus de 50 % à une société mère, mais elle est juridiquement indépendante.

Quand une société X achète une partie d'une société Y, on parle de **prise de participation** : X **prend une participation** dans Y. Si X achète la totalité ou une part **majoritaire** de Y, on parle de **prise de contrôle** : X **prend le contrôle de** Y.

Aujourd'hui, les entreprises sont de moins en moins nombreuses et de plus en plus grandes. C'est ce qu'on appelle **la concentration** des entreprises.

CROISSANCE DE L'ENTREPRISE

EXERCICES

1 Qu'est-ce que c'est ?

1. C'est le lieu de travail d'un artisan.
   ⇒ C'est un a_____ .

2. Il a fondé une entreprise.
   ⇒ C'est un c_____ .

3. Cette entreprise est la première sur son marché.
   ⇒ Elle est l_____ .

4. Elle emploie de plus en plus de salariés.
   ⇒ C'est une entreprise en p_____ e_____ .

5. C'est un lieu de fabrication.
   ⇒ C'est une u_____ .

6. C'est lui qui fabrique.
   ⇒ C'est un f_____ .

7. C'est fait pour être mangé.
   ⇒ C'est un p_____ a_____ .

8. C'est là où se trouve l'adresse principale de la société.
   ⇒ C'est son s_____ .

2 Vrai ou faux ?

	VRAI	FAUX
1. Pour se développer, une entreprise doit nécessairement moderniser ses installations.	☐	☐
2. Une entreprise en pleine croissance, c'est une entreprise qui se développe.	☐	☐
3. Une filiale contrôle à plus de 50 % la société mère.	☐	☐
4. Une filiale est une société.	☐	☐
5. Deux sociétés X et Y qui se regroupent pour créer une société Z réalise une fusion.	☐	☐
6. Une société qui achète une autre société réalise une absorption.	☐	☐
7. En principe, une société qui absorbe une autre société change de nom.	☐	☐
8. Dans tous les cas, quand une société X prend une participation minoritaire dans une société Y, on peut dire que X prend le contrôle de Y.	☐	☐
9. Un groupe d'entreprises comprend généralement une société mère et des filiales.	☐	☐
10. De nos jours, la concentration des entreprises est le résultat (la conséquence) aussi bien de la croissance externe que de la croissance interne des entreprises.	☐	☐

22 DISPARITION DE L'ENTREPRISE

A. DÉCLARATION DE FAILLITE

Quand une entreprise ne peut plus payer ses **créanciers** (**fournisseurs**, banques, etc.), on dit qu'elle est devenue **insolvable** ou qu'elle **est en cessation de paiement**.
Elle doit **déposer son bilan** auprès du **tribunal de commerce** et le tribunal déclare que l'entreprise **est en faillite**. C'est ce qui est arrivé à Sud Marine, une entreprise de construction navale installée à Marseille.

SUD MARINE FERME SES PORTES

Qui veut acheter Sud Marine ? Personne. Aucun **repreneur** (= acheteur) ne s'étant présenté, le tribunal de commerce de Marseille a **prononcé** hier **la liquidation** (= la vente) des biens de l'entreprise. La décision n'a surpris personne.

Depuis plusieurs années déjà, Sud Marine **tournait au ralenti** (= produisaient moins). **Le carnet de commandes** était de plus en plus vide.

L'entreprise, fortement **endettée**, avait du mal à **rembourser ses dettes**. Bref, **les affaires allaient mal**.

Il y a deux ans, Alain Tournier avait **pris la tête de** Sud Marine avec une mission très claire : **le redressement** (= le sauvetage) de cette entreprise **au bord de la faillite** (= sur le point de **faire faillite**).

« *Nous* **redresserons** *rapidement l'entreprise* », avait promis le nouveau **P-DG** (Président – Directeur général).

À peine arrivé, Alain Tournier avait mis en place **un plan de restructuration** : des ateliers ont été fermés, des emplois supprimés. Selon les syndicats, **ces restructurations** auraient **entraîné la suppression (perte)** de 160 emplois.

Mais ces efforts n'ont pas été suffisants. Sud Marine n'a pas pu **résister à** la crise du secteur. Au début de l'année, l'entreprise a perdu son plus **gros client**. Le plan **a échoué** (= n'a pas réussi).

Résultat : pour la quatrième année consécutive, **les comptes étaient dans le rouge** (= Sud Marine perdait de l'argent). **Son endettement** n'avait pas diminué. Bien au contraire, l'entreprise **s'était endettée** davantage.

Les affaires ont donc **mal tourné** pour Sud Marine. Dans un mois, l'entreprise **cessera** (= arrêtera) **ses activités** et fermera définitivement ses portes. ■

LES AFFAIRES ONT MAL TOURNÉ

Sud Marine ferme ses portes

B. CAUSES ET CONSÉQUENCES

La faillite de Sud Marine **est due à** = **provient de** = **est causée par** = **a pour cause** = **s'explique par** la crise.
La crise **a entraîné** = **a conduit à** = **a provoqué** = **a causé** = **a occasionné** la faillite de Sud Marine

DISPARITION DE L'ENTREPRISE

EXERCICES

1 Choisissez la bonne réponse.

1. Une entreprise en difficulté a du mal à payer :
   - ☐ ses clients.
   - ☐ ses fournisseurs.

2. Une entreprise qui ne peut plus payer ses dettes doit :
   - ☐ déposer son bilan.
   - ☐ payer ses créanciers.

3. Une entreprise qui rembourse ses dettes :
   - ☐ continue de s'endetter.
   - ☐ diminue son endettement.

4. Quand une entreprise perd de l'argent, on dit :
   - ☐ que ses comptes sont dans le rouge.
   - ☐ qu'elle tourne au ralenti.

5. Le chef d'une entreprise en difficulté doit essayer de :
   - ☐ redresser l'entreprise.
   - ☐ liquider l'entreprise.

6. Le plan de redressement d'une entreprise peut occasionner :
   - ☐ des suppressions d'emplois.
   - ☐ une crise économique.

7. La faillite d'une entreprise peut s'expliquer par :
   - ☐ la faillite d'un gros client.
   - ☐ le redressement de cette entreprise.

8. Une entreprise qui cesse ses activités :
   - ☐ est nécessairement en faillite.
   - ☐ peut être en bonne santé.

2 Mettez dans l'ordre.

■ *Scénario 1*

☐ Il met en place un plan de restructuration.
☒ En juin un nouveau P-DG prend la tête de l'entreprise.
☐ Il a pour mission de redresser l'entreprise.
☐ L'entreprise doit déposer son bilan.
☐ Le plan de restructuration échoue.

■ *Scénario 2*

☐ Cortex fait faillite.
☐ Conclusion : les affaires ont mal tourné.
☐ Mais peu à peu le carnet de commandes se vide.
☐ Au début, les affaires vont plutôt bien.
☐ La société Cortex est au bord de la faillite.

■ *Scénario 3*

☐ Elle devient insolvable.
☐ L'entreprise a du mal à payer ses dettes.
☐ Elle doit déposer son bilan.
☐ Le tribunal prononce sa liquidation.
☐ Elle est déclarée en faillite.

■ *Scénario 4*

☐ Mais deux ans plus tard, Telton est sauvée et crée de nouveaux emplois.
☐ Arrive un nouveau P-DG qui met en place un plan de redressement.
☐ Le plan entraîne la perte de 300 emplois.
☐ C'est l'histoire de Telton, une entreprise endettée, au bord de la faillite.

23 PROFESSIONS 1

A. QU'EST-CE QUE VOUS FAITES DANS LA VIE ?

Il arrive qu'on vous demande : « **Qu'est-ce que vous faites dans la vie ?** » ou alors « **Quelle est votre profession ?** » ou encore « **Vous faites quoi comme métier ?** »

Si vous ne travaillez pas, vous pouvez répondre, par exemple : « Je ne travaille pas encore, **je suis étudiant(e)** ». Si vous travaillez, la réponse dépend évidemment du travail que **vous exercez**. Vous pouvez dire : « **Je suis caissier** dans un supermarché », « **Je travaille comme hôtesse de l'air** », etc.

Il existe des centaines de professions différentes et il n'est pas possible ici de les énumérer toutes. En voici juste quelques-unes, à titre d'exemples :

> ingénieur   réceptionniste   comptable   analyste financier   audit
> conseiller fiscal   modéliste   vendeur   chef de produit
> juriste d'entreprise   attaché commercial   employé de bureau
> webmestre   contrôleur de gestion   garçon de café

B. VOUS FAITES QUOI EXACTEMENT ?

Chaque profession a ses particularités, sa culture, son langage. Voici deux personnes qui parlent de leur métier :

Marius, **agent immobilier** :
« Je travaille pour une petite agence immobilière. **Je suis chargé des** transactions sur les locaux professionnels. D'abord, je recherche à Paris des bureaux ou des boutiques à vendre. Ensuite, **je dois** trouver des acheteurs. **Ce n'est pas moi qui** vends ou qui achète. Moi, je suis simplement **un intermédiaire, je joue le rôle d'**arbitre entre le vendeur et l'acheteur, **je conseille**. »

Gaelle, **chargée de clientèle** :
« Je travaille dans une agence bancaire, à Marseille. **Mon rôle consiste à** conseiller les clients et à leur proposer des produits de la banque. Depuis trois ans, **je m'occupe des** petites entreprises, **j'ai** donc surtout **affaire à des chefs d'entreprise.** Je cherche à développer **un portefeuille de clients**, et pour cela, je dois **prospecter le marché**, c'est-à-dire rechercher de nouveaux clients. J'ai des **objectifs à atteindre** et, avec **la concurrence**, ce n'est pas facile. »

PROFESSIONS 1

EXERCICES

1 Associez.

1. Mon rôle consiste ⇒ ...
2. Je m'occupe ⇒ ...
3. Nous avons affaire ⇒ ...
4. Je dois ⇒ ...
5. C'est moi ⇒ ...
6. Je joue le rôle ⇒ ...

a. qui suis responsable de l'organisation.
b. des relations avec les fournisseurs.
c. d'interprète.
d. atteindre des objectifs
e. à informer les visiteurs.
f. à une clientèle internationale.

2 Trois personnes parlent de leur travail. Lisez et/ou écoutez ce qu'elles disent et découvrez la profession de chacune.

Bonjour, je m'appelle Julie. Mon travail consiste d'abord à assurer la sécurité à bord. Pendant le vol, je demande aux passagers de respecter les consignes de sécurité, je leur présente les équipements de sauvetage, etc. J'essaye aussi de leur rendre le voyage le plus agréable possible. Je distribue des journaux, des boissons, des jouets aux enfants, et c'est nous qui servons les repas.

Bonjour, je suis Antonin, c'est moi qui suis chargé d'accueillir les clients et de leur donner des informations sur les chambres disponibles. Les clients me posent aussi beaucoup de questions sur ce qui se passe dans la ville, sur les possibilités de loisirs, etc. Souvent, ils me demandent de leur réserver une place au restaurant ou au théâtre. Côté administratif, je dois tenir à jour le fichier des clients, en notant les arrivées et les départs, et quand le client s'en va, c'est moi qui fais la note et qui encaisse les paiements.

Bonjour, moi, c'est Caroline, et j'ai 25 ans. Le soir et le samedi, **j'enregistre vingt à trente articles à la minute et je fais une trentaine de clients par heure.** Le magasin vend surtout des produits alimentaires. La direction compare mes résultats avec ceux de mes collègues, je dois donc être très rapide. En même temps, il faut que je sois très attentive pour ne pas faire d'erreur, et on me demande aussi d'être aimable et souriante avec les clients.

3 Vrai ou faux ?

	VRAI	FAUX
1. Un garçon de café est en contact avec le public.	☐	☐
2. Un ingénieur exerce un métier artistique.	☐	☐
3. Un comptable travaille avec les chiffres.	☐	☐
4. Un juriste d'entreprise exerce une activité sportive.	☐	☐
5. Un employé de bureau fait de la recherche.	☐	☐

PROFESSIONS 2

A. CARRIÈRE PROFESSIONNELLE

La carrière professionnelle est la progression dans une profession. On peut aussi parler de **parcours professionnel**. **Faire carrière**, c'est réussir dans une profession. **Un(e) carriériste** est une personne qui cherche à faire carrière.

Il a fait une belle carrière.

Deux personnes, Izir et Françoise, parlent de leur carrière professionnelle :

Izir, 48 ans, est **ingénieur** :
« Je suis arrivé en France il y a 18 ans. Les deux premières années, j'ai travaillé **au noir** (= illégalement), comme certains **travailleurs immigrés**. Je travaillais **d'arrache-pied** (= sans interruption), et j'étais très **mal payé**.

Ensuite, heureusement, j'ai pu **exercer** un travail **déclaré** (= légal) et **stable** (= permanent) dans une grande entreprise. **Je suis monté** peu à peu **dans la hiérarchie**. Aujourd'hui, **je dirige** une équipe de six ingénieurs. Je travaille **dur** (beaucoup), mais je **gagne** bien **ma vie** ».

Françoise, **retraitée**, 68 ans, **travailleuse bénévole** :
« J'ai travaillé **dans les affaires** pendant près de 40 ans. J'ai commencé par vendre des aspirateurs en faisant du **porte à porte** chez les clients. À la fin de ma carrière, j'étais chef des ventes chez un fabricant de meubles. Il y a deux ans, **j'ai pris ma retraite**, mais je n'ai pas vraiment **cessé** (= arrêter) de travailler. Je suis restée très **active**. Aujourd'hui, je travaille **bénévolement** (= gratuitement) dans une association. Nous aidons les jeunes à trouver un emploi. »

B. COMMENT TROUVEZ-VOUS VOTRE TRAVAIL ?

Votre travail peut être :
- **dur, ardu, pénible**   le travail est difficile.
- **épuisant, harassant**   le travail est très fatigant.
- **ennuyeux, fastidieux**   le travail n'est pas intéressant, vous vous ennuyez.
- **routinier, répétitif**   il faut toujours faire, répéter la même chose.
- **enrichissant**   le travail vous apporte de nouvelles connaissances.
- **passionnant**   le travail vous intéresse beaucoup, il vous passionne.
- **prenant**   le travail prend du temps et vous occupe beaucoup l'esprit.

C. MOTS FAMILIERS : AUTOUR DU BOULOT

- J'adore **mon boulot**.   J'adore mon travail.
- J'ai trouvé **un bon job**.   J'ai trouvé un bon travail.
- **J'ai du pain sur la planche**.   J'ai beaucoup de travail.
- Il **bosse** dur. C'est un **bosseur**.   Il travaille beaucoup.

PROFESSIONS 2

EXERCICES

1 🎧 **22** Complétez les mentions manquantes. Puis écoutez pour vérifier.

1. – Est-ce qu'elle travaille encore au noir ?

– Non, maintenant elle a un travail d _____ .

2. – Tu es payé combien ?

– Je ne gagne rien du tout, je travaille b _____ .

3. – Il a l'air un peu paresseux.

– Et pourtant, il travaille d _____ .

4. – Vous aimez ce que vous faites ?

– Bof ! À vrai dire, pas tellement, c'est toujours pareil, c'est très r _____ .

5. – Elle pense à son travail ?

– Elle ne pense qu'à ça, elle a un travail extrêmement p _____ .

6. – Il est toujours fatigué.

– Ce n'est pas étonnant, il a un boulot é _____ .

7. – Il paraît que votre travail est très ennuyeux.

– Ce n'est pas vrai, j'ai un travail très intéressant, p _____ même.

8. – Vous ne vous ennuyez pas au bureau ?

– Pas du tout, j'apprends tous les jours quelque chose, ce que je fais est très e _____ .

9. – Qu'est-ce qu'il fait comme boulot ?

– Pour l'instant, je ne sais pas, il change sans arrêt, il n'a pas de travail s _____ .

10. – Est-ce qu'il travaille beaucoup ?

– Énormément. C'est un gros b _____ .

2 Associez pour compléter les phrases.

1. Il a fait	⇒ *b*	a.	d'arrache pied.
2. Il a pris	⇒ ...	b.	une belle carrière.
3. Il est monté très haut	⇒ ...	c.	sa retraite très jeune.
4. Il travaille du matin au soir	⇒ ...	d.	du pain sur la planche
5. Il a immigré aux États-Unis	⇒ ...	e.	à l'âge de 20 ans.
6. On a encore	⇒ ...	f.	sa vie.
7. Bien qu'il ne travaille pas, il reste	⇒ ...	g.	une petite entreprise.
8. C'est un petit boulot	⇒ ...	h.	dans la hiérarchie
9. Il dirige	⇒ ...	i.	très actif.
10. Il gagne très bien	⇒ ...	j.	mal payé.

25 LIEU DE TRAVAIL

A. À LA VILLE

« Bonjour, je m'appelle Sophie. L'entreprise où je travaille vient de **déménager** dans **le quartier des affaires**, loin du centre ville. Nos bureaux se trouvent maintenant au 28e **étage** d'**une tour** de 35 étages. **Les installations** sont modernes, nous sommes très bien **équipés**. À cause de **la climatisation**, il est interdit d'ouvrir les fenêtres. **L'insonorisation** est parfaite : on n'entend aucun bruit de l'extérieur, c'est très bien **insonorisé**. Ce sont des bureaux de type **paysager**. »

NOTE : Dans un bureau paysager, l'espace est divisé par des **cloisons mobiles** ou par des plantes, de différente hauteur. Chacun **dispose de** son propre **espace de travail**, et peut aisément communiquer avec ses collègues. Il est facile de modifier **la disposition.**

Sophie, de nouveau : « Avant **le déménagement**, nos bureaux se trouvaient dans **un immeuble** ancien du centre ville. Ils **donnaient sur** une rue bruyante. Nous n'avions pas beaucoup d'espace, on était **serrés comme des sardines**. **Je partageais** un bureau **minuscule** (très petit) avec un collègue. Seul avantage : comme nous étions dans **un quartier commerçant** (avec beaucoup de commerces), je pouvais **faire les magasins** (= faire des achats) pendant la pause déjeuner. »

B. À LA CAMPAGNE

« Bonjour, je m'appelle Tony. Je travaille chez Petit Beurre, un fabricant de gâteaux industriels installé à la campagne. Nous avons **une** petite **usine**, où nous fabriquons 8 000 gâteaux par jour. L'usine est divisée en quatre **ateliers**.

Moi, je ne travaille pas dans l'usine. Je travaille dans **les bureaux** du premier étage, dans le service administratif. Chacun a son propre bureau. Le mien est particulièrement **spacieux** (grand). Il donne sur un jardin. De l'autre côté du **bâtiment** (immeuble), il y a **un parking** réservé au personnel. Au deuxième et dernier étage, il y a la **cantine**, où on peut manger à midi. »

Tony, de nouveau : « Ma femme est graphiste. Elle travaille **à domicile.** »

NOTE : **Le travail à domicile**, qu'on appelle aussi **le télétravail**, est en plein développement. D'après certaines études, **les travailleurs à domicile** ou **télétravailleurs** seraient les plus **efficaces**.

LIEU DE TRAVAIL

EXERCICES

1 🎧 *23* Lisez les témoignages suivants et complétez les mentions manquantes. Puis écoutez pour vérifier.

1. Je travaille dans le q _____ des affaires.

2. Mon bureau se trouve au 3ᵉ é _____ d'un petit i _____.

3. S'il y avait un p _____, je viendrais travailler en voiture.

4. En ce moment, il fait très chaud, la c _____ ne fonctionne pas, c'est difficile de travailler dans ces conditions.

5. On est trois à p _____ un bureau minuscule, on est très s _____, on peut à peine bouger.

6. On est mal é _____, les installations sont vieilles, il y a des fils électriques par terre.

7. Le bureau donne sur la rue, et même avec les fenêtres fermées, il y a beaucoup de bruit, c'est vraiment très mal i _____.

8. Dans notre c _____, on mange bien pour pas cher.

2 Éliminez l'intrus.

1. minuscule / petit / spacieux / serré.
2. une tour / un déménagement / un immeuble / un bâtiment.
3. une cloison / un domicile / un bureau / une usine.
4. climatisé / insonorisé / silencieux / tranquille.

3 Vrai ou faux ?

	VRAI	FAUX
1. Dans un bureau paysager, il y a toujours beaucoup de plantes.	☐	☐
2. Dans un atelier, il peut y avoir plusieurs usines.	☐	☐
3. Les usines sont souvent situées dans le quartier commerçant de la ville.	☐	☐
4. Les employés du service administratif travaillent généralement dans un atelier.	☐	☐
5. En principe, les télétravailleurs travaillent à domicile.	☐	☐

26 DIPLÔMES ET FORMATION

A. UNIVERSITÉ ET GRANDE ÉCOLE

En France, **les lycéen(ne)s** – les élèves des lycées (= écoles secondaires) – passent **le baccalauréat** (= **le bac**) vers l'âge de 18 ans. Ils peuvent soit **réussir** soit **rater** (= ne pas réussir) l'examen. Après le bac, beaucoup **s'inscrivent à** = **entrent à** l'Université et quelques-uns – une minorité – **entrent dans une grande école.**

Agathe et Caroline travaillent chez PPX, une entreprise industrielle installée dans la région parisienne. Elles parlent de leurs études après le bac.

Agathe, 40 ans, est **responsable du personnel** : « **J'ai une formation de** juriste, **j'ai fait des études de droit** à la faculté de droit, à Paris. J'ai **écrit une thèse** en **droit du travail** et j'ai **obtenu un doctorat**. Tout de suite après mes études, j'ai trouvé un emploi à **la direction du personnel** d'une grande entreprise. Je suis restée près de cinq ans dans cette entreprise, puis je suis entrée **comme directrice du personnel** chez PPX, et c'est **le poste** que **j'occupe** encore aujourd'hui. »

Caroline, 31 ans, est **directrice commerciale** : « Après le bac, j'ai préparé **le concours d'entrée** d'**une grande école de commerce**. Nous étions environ 2 000 **candidats** pour une centaine de **places**. Heureusement, j'ai réussi le concours. Pendant **ma scolarité** (= le temps passé à l'école), **j'ai fait des stages** dans plusieurs entreprises pour **acquérir de l'expérience**. À ma sortie de l'école, je suis entrée chez PPX. »

Amphithéâtre de la Sorbonne

B. FORMATION CONTINUE

Jordan, 38 ans, travaille également chez PPX. Il parle de sa formation :
« J'ai commencé à travailler à 16 ans. Je n'**avais** aucun **diplôme**, pas même le bac. J'ai commencé ma carrière comme ouvrier. Le travail n'était pas très intéressant. **J'ai suivi des cours du soir**. Ce n'était pas facile, je travaillais le jour, et j'étudiais le soir. J'ai fini par **décrocher** (= obtenir) un diplôme d'ingénieur. Aujourd'hui, chez PPX, je continue à **suivre des stages** de **formation continue**. On n'en sait jamais assez, n'est-ce pas ? »

NOTE : La formation continue est la formation que vous recevez pendant que vous travaillez.

Jordan, de nouveau : « Comme nous travaillons beaucoup avec l'Allemagne, PPX m'a envoyé deux semaines à Berlin pour **pratiquer** mon allemand. »

DIPLÔMES ET FORMATION

EXERCICES

1 Associez

■ *Scénario 1*

1. Elle entre ⇒ *d*
2. Elle reçoit ⇒ …
3. Elle fait ⇒ …
4. Elle acquiert ⇒ …

a. un stage.
b. une bonne formation.
c. de l'expérience.
d. dans une grande école.

■ *Scénario 3*

1. Elle fait ⇒ …
2. Elle obtient ⇒ …
3. Elle travaille ⇒ …
4. Elle pratique ⇒ …

a. un diplôme d'ingénieur.
b. des études d'ingénieur.
c. son français.
d. comme ingénieur.

■ *Scénario 2*

1. Il écrit ⇒ …
2. Il passe ⇒ …
3. Il entre ⇒ …
4. Il occupe ⇒ …

a. dans une entreprise.
b. une thèse.
c. un poste important.
d. son doctorat.

■ *Scénario 4*

1. Il étudie ⇒ …
2. Il rate ⇒ …
3. Il arrête ⇒ …
4. Il se retrouve ⇒ …

a. d'étudier.
b. l'économie.
c. au chômage.
d. ses examens.

2 Mettez dans l'ordre chronologique.

☐ Les cours commencent début septembre.
☐ Le jour J arrive : elle passe le concours avec deux mille autres candidats.
☐ Trois semaines plus tard, elle apprend ses résultats. Quel bonheur ! Elle a réussi.
☒ Éva travaille dix heures par jour : elle prépare le concours d'une grande école.
☐ Elle entre dans un cabinet de consultant.
☐ Trois ans plus tard, elle obtient le diplôme de l'école.
☐ Elle suit assidûment (régulièrement) les cours.

3 Complétez les mentions manquantes.

1. Pour entrer dans une g _____ école, il faut passer un c _____ difficile. Il y a toujours beaucoup de c _____ pour un nombre limité de p _____.
2. Chez PPX, les salariés peuvent s _____ des s _____ de formation c _____.
3. Il a une f _____ scientifique. Maintenant, il travaille c _____ directeur financier chez PPX.
4. Il a beaucoup de d _____, et pourtant il a du mal à trouver un e _____ intéressant.
5. En France, il faut avoir le bac pour s'i _____ à l'u _____.
6. Mathieu, 18 ans, n'a rien fait pendant sa s _____ et il a fini par r _____ son b _____.

27 EMPLOI ET CHÔMAGE

A. POPULATION ACTIVE

La population active (= les actifs) comprend les personnes présentes sur **le marché de l'emploi** (= **le marché du travail**), à savoir :
– les personnes qui travaillent : **les actifs occupés** ;
– les personnes qui **sont à la recherche d'un emploi** : **les actifs inoccupés = les chômeurs**.

La population inactive (= les inactifs) comprend les enfants, les retraités, les personnes qui restent **au foyer** (à la maison), les malades, etc.

Un chômeur est aussi appelé **un demandeur d'emploi** ou **un sans-emploi**. Un chômeur de longue durée est une personne qui **est au chômage** depuis longtemps.

Les chiffres de l'emploi sont publiés régulièrement par le gouvernement. **Le taux de chômage** est **un indicateur** intéressant pour apprécier **l'état de santé** d'une économie.

$$\text{Taux de chômage} = \frac{\text{Actifs inoccupés (= chômeurs)}}{\text{Population active}}$$

Dans de nombreux pays, **la situation de l'emploi** est préoccupante parce que le taux de chômage est **élevé**. Le chômage **touche** (= **concerne**) environ 10 % de la population active, et la situation **se dégrade** (= **empire**) d'année en année.

B. RÉSULTATS ET TENDANCES

L'emploi et surtout le chômage font souvent les titres de la presse. Voici quelques titres :

CRÉATION D'EMPLOIS : la guerre des chiffres

Société KM7 : les salariés manifestent contre les suppressions d'emploi

Comment toucher les indemnités de chômage.

Des emplois ont été **créés**, mais combien ? Les experts ne sont pas d'accord.

Les salariés de la société KM7 protestent parce que la société **supprime** des emplois.

Les conditions qu'un chômeur doit remplir pour **toucher** (= recevoir) **les aides de l'État**.

EMPLOI ET CHÔMAGE

EXERCICES

1 Vrai ou faux ?

	VRAI	FAUX
1. Les retraités font partie de la population inactive.	☐	☐
2. Les chômeurs font partie de la population active.	☐	☐
3. Un chômeur = un actif inoccupé = un demandeur d'emploi = un sans-emploi.	☐	☐
4. L'état de santé de l'économie dépend du taux de chômage.	☐	☐
5. En principe, les inactifs touchent des indemnités de chômage.	☐	☐

2 Complétez les mentions manquantes.

EMPLOI

Chômage : les jeunes fortement touchés

L'Institut national des statistiques a publié hier les c_____ de l'emploi. Mauvaise nouvelle : la s_____ de l'emploi dans le pays continue de se d_____, en particulier pour les jeunes.

Le t_____ de chômage reste très é_____. Il t_____ maintenant 11,6 % de la population a_____.

La moitié des jeunes diplômés sortant de l'Université sont à la r_____ d'un e_____. Ils sont souvent dans une situation difficile. Pour l'instant, en effet, un jeune qui n'a pas encore travaillé ne reçoit aucune i_____ de chômage.

Les étudiants ont m_____ dans les rues de la capitale. Ils veulent obtenir des a_____ de l'État et des c_____ d'emplois de la part des entreprises. « Nous allons vous aider », a déclaré le ministre de l'emploi devant un groupe de jeunes. Jonathan Lambert, le porte parole de l'Union des étudiants, a dit que le ministre de l'emploi devrait plutôt s'appeler ministre du chômage.

Seule consolation : les c_____ de longue d_____ sont en diminution. Les jeunes diplômés peuvent donc garder espoir : ils restent de moins en moins longtemps au chômage. ∎

Des étudiants manifestent à Paris

28 RECHERCHE D'EMPLOI

A. MÉTHODES DE RECHERCHE

Pour trouver un emploi, vous pouvez :
- **consulter** les **offres d'emploi** dans la presse et sur Internet,
- faire paraître (= publier) **une demande d'emploi**,
- utiliser vos **relations** personnelles ou professionnelles,
- vous adresser à **un cabinet de recrutement** (= un « **chasseur de tête** »), etc.

B. CV ET LETTRE DE MOTIVATION

Noémie Poulain est à la recherche d'un emploi. Elle répond à **une petite annonce** publiée dans la presse par l'entreprise Berthier. Elle envoie à la **Direction des ressources humaines (= le service du personnel)** de l'entreprise un **CV (curriculum vitae)** et **une lettre de motivation**.

Dans son **CV**, Noémie donne des informations sur :
- son **état civil** : elle a 26 ans, elle est célibataire, etc.
- sa **formation** : elle **a fait** une grande école d'ingénieur,
- son **expérience professionnelle** : elle a travaillé comme ingénieur pendant trois ans,
- ses **activités extra-professionnelles** : elle joue souvent au tennis.

Dans sa lettre de motivation, Noémie **postule** (= demande = **pose sa candidature** à) l'emploi proposé. Elle explique pourquoi elle veut le travail et en quoi **son profil** (ses **compétences**, qualités, formation, âge, etc.) correspond à l'emploi.

C. ENTRETIEN D'EMBAUCHE

Noémie obtient un rendez-vous pour **un entretien d'embauche** = une discussion entre **le candidat** et **l'employeur**.

Kevin Pelissier est **le DRH (Directeur des ressources humaines)** de Berthier. Il parle de **la procédure de recrutement**, c'est-à-dire des méthodes que l'entreprise utilise pour **recruter** du personnel :

« Nous **convoquons** plusieurs candidats à **un entretien de groupe**. Nous faisons ensuite **une** première **sélection** et nous convoquons les meilleurs candidats à plusieurs **entretiens individuels**. Finalement, nous choisissons le meilleur d'entre les meilleurs. »

Finalement, Noémie **obtient le poste**. Elle **est embauchée / recrutée / engagée** par Berthier le 1er mars = Berthier l'embauche / la recrute / l'engage le 1er mars.

Un entretien d'embauche

RECHERCHE D'EMPLOI

EXERCICES

1 Qui est-il ? Le candidat ou l'employeur ?

	CANDIDAT	EMPLOYEUR
1. Il fait paraître une offre d'emploi.	☐	☐
2. Il consulte les demandes d'emploi.	☐	☐
3. Il actualise son CV.	☐	☐
4. Il rédige une lettre de motivation.	☐	☐
5. Il reçoit les CV et fait une première sélection.	☐	☐
6. Il est convoqué à un entretien.	☐	☐
7. Il pose la plupart des questions.	☐	☐
8. Il a le profil recherché.	☐	☐
9. Il embauche un nouveau salarié.	☐	☐
10. Il obtient le poste.	☐	☐

2 De quel type de document est extrait chacune des informations suivantes ?

1. _____

■ EXPÉRIENCE PROFESSIONNELLE

2008-2012   • Éditions Lombard, Bruxelles
            Responsable des ventes
            Chargée d'animer
            une équipe de six vendeurs.

2. _____

_____

Merci d'adresser
lettre manuscrite + CV + photo
à BCT, 92 rue Danton, 35000 Rennes.

3 🎧 24 Complétez les mentions manquantes. Puis écoutez pour vérifier.

1. Dans votre CV, donnez quelques détails sur votre é _____ c _____ (âge, nationalité, etc.), décrivez votre e _____ p _____, expliquez votre f _____, dites un mot sur vos a _____ e _____-professionnelles. Dites la vérité, mais ne vous sous-estimez pas.

2. Envoyez votre CV et une l _____ de m _____ soit à un c _____ de r _____, soit directement au s _____ du p _____ de l'entreprise (ou à la direction des r _____ h _____).

3. Pendant l'e _____ d'e _____, mettez en avant vos qualités et vos c _____, essayez de convaincre l'employeur que votre p _____ correspond bien au p _____ proposé.

29 CONTRAT DE TRAVAIL

A. LETTRE D'ENGAGEMENT

Le contrat de travail est **une convention (= un accord)** entre **un(e) salarié(e)** et **un employeur**. L'**obligation** principale du salarié est d'**exécuter le travail**. Celle de l'employeur est de payer **le salaire**. Ce contrat peut prendre la forme d'**une lettre d'engagement**, qu'on appelle aussi **une lettre d'embauche**. Voici des extraits d'une lettre d'engagement :

> Madame,
>
> À la suite de notre entretien du 18 février, nous vous confirmons votre engagement **en qualité d'**ingénieur **à compter du** 1er mars **pour une durée indéterminée**. […]
>
> Vous **exercerez vos fonctions sous l'autorité du** directeur de la production.
>
> Votre **rémunération** annuelle **est fixée à** 62 000 euros. […]
>
> Nous vous rappelons que **nous sommes convenus d'une période d'essai** de deux mois. Pendant cette période, chacune des parties est libre de **résilier** le contrat de travail, à tout moment, sans indiquer de **motif**. »

En France, pour un emploi **à plein temps**, la durée du travail est de 35 heures par semaine. Si vous travaillez moins de 35 heures, vous travaillez **à temps partiel**. Mais si vous dépassez 35 heures par semaine, **vous faites des heures supplémentaires**.

B. TRAVAIL TEMPORAIRE

« Bonjour, je m'appelle Thomas. Je travaille pour Attica, qui est **une entreprise de travail temporaire** ou, comme on dit aussi, **une entreprise intérimaire**. Je **fais de l'intérim**. Attica m'envoie **en mission** (travailler) dans différentes entreprises **pour une durée déterminée**. En ce moment, je **suis en mission** dans l'entreprise Berthier pour une durée de six mois. Je **remplace** madame Leduc, qui **est en congé maternité** (elle vient d'avoir un bébé). »

C. FIN DU CONTRAT

Le contrat de travail peut prendre fin :
– soit à l'initiative du salarié : dans ce cas, on parle d'**une démission**. On dit que le salarié **donne sa démission** ou qu'il **démissionne**.
– soit à l'initiative de l'employeur : il s'agit alors d'**un licenciement**. On dit que le salarié **est licencié** ou que l'employeur **licencie** le salarié.

Dans les deux cas, les parties doivent **donner un préavis (= un délai de préavis)**, c'est-à-dire informer l'autre partie à l'avance.

Un **contrat à durée déterminée** prend fin à **l'expiration** (fin) de la durée fixée.

CONTRAT DE TRAVAIL

EXERCICES

1 Voici des extraits d'un contrat de travail. Complétez les mentions manquantes.

Entre la société Berthier et Mme Noémie Poulain, il est c _____ ce qui suit :

Article 1. La société Berthier engage Mme Noémie Poulain à c _____ du 1er mars en q _____ d'ingénieur.

Article 2. Mme Poulain exercera ses f _____ sous l'a _____ directe du directeur général.

Article 3. Le présent contrat est conclu pour une d _____ indéterminée. Il ne deviendra définitif qu'à l'e _____ d'une p _____ d'e _____ de deux mois. Durant cette période, chacune des parties pourra r _____ le contrat sans donner de p _____ et sans indiquer de m _____.

Article 4. Le salaire a _____ brut de Mme Poulain est f _____ à 62 000 euros.

2 🎧 25 Complétez les mentions manquantes. Puis écoutez pour vérifier.

1. – Est-ce qu'il a été _____ ?
   – Non, il est parti de sa propre initiative, il a donné sa _____.

2. – Vous travaillez à _____ partiel, n'est-ce pas ?
   – Absolument pas. Non seulement je travaille à _____ temps, mais en plus je _____ des heures _____.

3. – Avez-vous toujours travaillé dans la même entreprise ?
   – Pas du tout, comme je fais de _____, je change souvent d'entreprise. Je travaille pour une _____ de travail _____, qui s'appelle Attica. Pour l'instant, je suis en _____ dans une entreprise de transport. Je _____ quelqu'un qui est en congé maladie.

4. – Il travaille du 1er juin au 31 août. Il a un CDD.
   – Un CDD, qu'est-ce que c'est ?
   – C'est un _____ à durée _____.

3 Complétez les phrases.

1. L'obligation principale de l'employeur est d(e) _____
2. Le salarié a pour obligation principale d(e) _____
3. En principe, la partie qui veut résilier le contrat de travail doit _____

RESSOURCES HUMAINES

30 RÉMUNÉRATION DU TRAVAIL

A. SALAIRE DE CADRE

Audrey est **directrice du marketing** dans une grande entreprise.

> Bonjour, je suis Audrey. Je **touche un salaire annuel** de 52 000 **euros**. En plus de **ce salaire de base** (= salaire principal), je reçois **un intéressement aux bénéfices** de l'entreprise.

B. POURBOIRES ET CONGÉS PAYÉS

Émilie est **serveuse** dans un restaurant.

> Bonjour, je m'appelle Emilie. Tous les mois, je reçois un **salaire fixe**. C'est **le salaire minimum** prévu par la loi. Ce n'est pas **un gros salaire**. Heureusement, les clients me donnent des **pourboires**, et certains clients sont assez généreux. En été, je prends quatre semaines de **congés** (= vacances). Ce sont des **congés payés**, c'est-à-dire que je suis payé alors que je ne travaille pas. Mais bien sûr, pendant ces congés, je ne reçois pas de pourboires.

C. RÉMUNÉRATION DU VENDEUR

Yann travaille comme **vendeur** pour un **fabricant** de chaussures.

> Moi, c'est Yann. Je reçois chaque mois **un fixe** (= **un salaire mensuel fixe**) et **une commission** (= un pourcentage des ventes). Le fixe m'apporte un minimum de **sécurité**. Mais la commission est plus **motivante** : plus je vends, plus je gagne. Comme je suis presque toujours en déplacement, l'entreprise me prête une **voiture de fonction** et **prend en charge** (= paie) mes **frais de déplacement** (essence, péage d'autoroute, hôtels, etc.). »

D. PRIMES

Certains salariés reçoivent **une prime** (= **un bonus**). Voici les principaux types de primes :

• Prime d'ancienneté	Elle **est accordée** (donnée) en fonction des années passées dans l'entreprise.
• Prime d'assiduité	L'assiduité est l'application et la présence régulière au travail.
• Prime de rendement = prime de productivité	Son montant dépend du résultat du travail.
• Prime de nuit	Pour ceux qui travaillent la nuit.
• Treizième (13e) mois	Au mois de décembre, le salarié reçoit deux mois de salaire.

En France, les salariés reçoivent chaque mois **un bulletin de salaire** (= **une fiche de paie**) qui mentionne en détail les différents éléments du salaire.

RÉMUNÉRATION DU TRAVAIL

EXERCICES

1 🎧 26 Lisez les déclarations suivantes et complétez les mentions manquantes. Puis écoutez pour vérifier.

1. À la fin de l'année, je reçois un t _____ m _____, c'est une sorte de prime de Noël.

2. Les ouvriers de cette usine t _____ une p _____ de r _____. Plus ils produisent, plus ils gagnent.

3. Je reçois un f _____ et une c _____ de 6 % sur le m _____ des ventes.

4. L'employeur ne peut pas nous payer en dessous du s _____ m _____ fixé par la loi.

5. Ça fait presque 30 ans qu'il travaille dans l'entreprise, c'est pourquoi il reçoit une prime d'a _____ si importante.

6. Comme il arrive tous les jours en retard au bureau, le patron lui a sucré (supprimé) sa p _____ d'a _____.

7. On a droit à cinq semaines de c _____ p _____ par an.

8. Si le service est compris dans l'addition, je ne donne pas de p _____ au serveur.

2 Complétez les mentions manquantes.

1. Madame Cellier, la directrice commerciale, reçoit un intéressement sur les _____.
2. Pour ses déplacements, elle dispose d'une voiture de _____.
3. Quand elle voyage, la société lui rembourse ses _____ de _____.
4. Monsieur Lavigne, le comptable, ne reçoit rien de plus que son salaire de _____.
5. Il y a une erreur de calcul sur son bulletin de _____.
6. Léo travaille jusqu'à 5 heures du matin, et pourtant il ne touche aucune _____ de _____.

31 PERSONNEL ET ENCADREMENT

A. TYPES DE SALARIÉS

Un salarié est une personne qui travaille **pour le compte** et **sous la subordination** (= **sous l'autorité**) d'**un employeur**. L'ensemble des salariés forme **le personnel** de l'entreprise.

Tellier est une entreprise industrielle qui **emploie** plusieurs types de salariés :
– **les ouvriers**, qui travaillent dans les différents **ateliers** de **l'usine**, font des travaux manuels ou mécaniques sous l'autorité d'**un contremaître** (chef d'équipe) ;
– **les employés** travaillent dans **les bureaux** ;
– **les cadres**, qu'on appelle aussi les **dirigeants** ou les **managers**, **occupent des postes de direction**. Ils **encadrent** (= **dirigent**) le personnel. L'ensemble des cadres forme **l'encadrement** = **le management** = **la direction**.

B. TYPES DE CADRES

Tellier emploie trois catégories de cadres : des **cadres techniques**, qui sont des **ingénieurs**, des **cadres commerciaux**, des **cadres administratifs**.

Ces cadres occupent des **niveaux hiérarchiques** différents. Chez Tellier, on distingue **les cadres supérieurs** et **les cadres moyens**. Un cadre moyen occupe un poste de direction **sous la direction** / **sous la responsabilité** d'un cadre supérieur.

Le personnel de Tellier est réparti dans de nombreux services. Par exemple : **le service de la comptabilité**, **le service du personnel**, **le service des ventes**, **le service des achats**, **le service après-vente**, etc. Des **chefs de service sont responsables de / dirigent** un service et les directeurs **supervisent** plusieurs services. Voici un extrait de **l'organigramme** de l'entreprise Tellier :

```
                    Directeur général
        ┌───────────────┼───────────────┐
Directeur de la production  Directeur administratif  Directeur commercial
Chef de la comptabilité     Chef du personnel        Chef du service juridique
```

Dans les grandes entreprises le chef du personnel s'appelle souvent **le directeur des ressources humaines** (**DRH**).

C. DIRECTION GÉNÉRALE

Le directeur général est **responsable de la gestion** devant les propriétaires de l'entreprise.

Dans **une société anonyme**, comme Tellier, les propriétaires sont des **actionnaires**. Ils élisent **un conseil d'administration** pour les représenter. Les membres de ce conseil, les **administrateurs**, élisent leur **président**.

Le Président-directeur général (le P-DG) :
– **préside** le conseil d'administration, en tant que président ;
– **gère** (s'occupe de) l'entreprise, en tant que directeur général.

PERSONNEL ET ENCADREMENT

EXERCICES

1 Complétez les phrases avec les verbes suivants :
encadre – gère – fait – occupe – préside

1. Jacques, le P-DG, _____ le conseil d'administration.
2. Fanny _____ seule sa petite entreprise.
3. Julien, contremaître, _____ une équipe de dix ouvriers.
4. Émilie _____ un poste de direction dans une grande entreprise.
5. Émilie dit que Paul, employé de bureau, _____ bien son travail.

2 Complétez les mentions manquantes.

La société Tellier e _____ près de 200 s _____. L'e _____ regroupe une vingtaine de cadres. Comme Tellier est une entreprise industrielle, les cadres t _____ sont les plus nombreux. Mais bien sûr il y a aussi des cadres a _____ et des cadres c _____.
Marius Guillemot est d _____ de la p _____. C'est un i _____ de formation. Il supervise les cinq ateliers de l'u _____. Les chefs d'atelier travaillent s _____ sa r _____.
Les commerciaux sont répartis dans deux services : le service des v _____ et le service des a _____. Les chefs de ces deux services sont placés s _____ la d _____ d'un d _____ c _____.
Le directeur administratif s'appelle Sébastien Goujon. Il contrôle le service de la c _____, le service du p _____ et le service j _____.

3 Vrai ou faux ?

	VRAI	FAUX
1. Le directeur commercial est un cadre supérieur.	☐	☐
2. Un contremaître travaille sous la responsabilité d'un directeur commercial.	☐	☐
3. Le chef du personnel travaille généralement sous la responsabilité d'un DRH.	☐	☐
4. Le nom des actionnaires n'apparaît pas dans l'organigramme de l'entreprise.	☐	☐
5. Dans une société anonyme, un administrateur est un cadre administratif.	☐	☐
6. Les administrateurs sont choisis par les salariés de l'entreprise.	☐	☐
7. Les actionnaires sont les propriétaires de l'entreprise.	☐	☐

32 CONFLITS DU TRAVAIL

RESSOURCES HUMAINES

A. SYNDICALISME

« Bonjour, je m'appelle Thierry Minot et je travaille comme ouvrier mécanicien chez BMX, une entreprise qui fabrique des batteries de voitures. En entrant chez BMX, j'ai **adhéré à un syndicat**. Je suis devenu **un syndicaliste** très actif. Je pense qu'il est important de défendre les intérêts des travailleurs.

Depuis deux ans, nos salaires n'ont pas été **revalorisés** (= augmentés). Nous **réclamons** (= **revendiquons** = demandons) **une revalorisation** (= **une augmentation**), mais la direction refuse systématiquement toutes nos **revendications** (= demandes). Cette fois-ci, on se battra jusqu'à ce qu'on obtienne satisfaction. S'il le faut, **nous nous mettrons en grève.** »

B. DROIT DE GRÈVE

En France, **le droit de grève** est reconnu par **la constitution**.

Mais il y a des limites au droit de grève. Par exemple :
– Les **piquets de grève** sont des **grévistes** qui restent sur place pour s'assurer que la grève est bien **suivie**. Ils n'ont pas le droit d'empêcher **les non-grévistes** de travailler.
– La grève **avec occupation des locaux** (lieux de travail : bureaux, usine, etc.) est **tolérée** (autorisée), mais seulement pendant les **horaires de travail**.
– La grève est **un arrêt de travail** clair et net. **La grève perlée**, qui consiste à travailler mal ou au ralenti (lentement), est **illégale**.

C. TYPES DE GRÈVES

Il y a plusieurs types de grèves. Voici les principaux :

• Grève surprise	C'est une grève sans **préavis** : les travailleurs **font grève** sans prévenir l'employeur.
• Grève sauvage	Les grévistes agissent sans l'accord des syndicats.
• Grève de solidarité	Elle vise à **soutenir** (aider) les revendications d'autres salariés (de la même entreprise ou d'autres entreprises).
• Grève sur le tas	Les grévistes **occupent** les locaux de l'entreprise

D. JOURS DE GRÈVE

L'article suivant est extrait d'un journal économique.

BMX : FIN DE LA GRÈVE…

Hier soir, après une grève de 20 jours, les ouvriers de BMX ont **repris le travail**. Ils réclamaient 6 % d'augmentation de salaire. Après qu'**un accord** a été trouvé avec la direction, les grévistes ont décidé de **mettre fin à** leur grève. « *Dans l'ensemble, nos revendications ont été satisfaites* », a déclaré Thierry Minot, **responsable syndical**.

CONFLITS DU TRAVAIL

EXERCICES

1 🎧 **27** Complétez les mentions manquantes de cet extrait d'interview. Puis écoutez pour vérifier.

1. – En France, les salariés ont-ils le droit de f _____ grève ?
   – Oui, c'est même un droit reconnu par la c _____.

2. – Les travailleurs doivent-ils prévenir l'employeur qu'ils vont se m _____ en grève.
   – Non, ils n'ont pas besoin de déposer un p _____. En France, la grève s _____ est parfaitement légale.

3. – A-t-on le droit de faire grève pour n'importe quel motif ?
   – Non, la grève doit s'appuyer sur des r _____ d'ordre professionnel, et pas politique. Par exemple, on peut faire grève pour demander une r _____ des s _____, mais pas pour demander un changement de gouvernement.

4. – Les g _____ ont-ils le droit d'o _____ les locaux de travail pendant la grève ?
   – L'o _____ des locaux est tolérée pendant les h _____ de travail, c'est ce qu'on appelle une grève sur le t _____. En tout cas, les p _____ de g _____, qui empêchent les non-grévistes de travailler, sont interdits.

5. – En quoi consiste la liberté syndicale ?
   – C'est le droit pour chacun d'a _____ à un s _____ de son choix ou alors de ne pas a _____.

Des journalistes de Radio France en grève

2 🎧 **28** Lisez les déclarations suivantes et/ou écoutez. Puis dites de quel type de grève il s'agit.

> Je propose qu'on se mette en grève tout de suite.

> Les gars de l'atelier 1 sont prêts à soutenir leurs camarades de l'atelier 5.

> Moi, je propose qu'on fasse grève sans l'accord du syndicat.

1. *Grève surprise*   2. _____   3. _____

> On pourrait travailler plus lentement. Comme ça, on ne perdrait pas notre salaire et le patron serait bien embarrassé.

4. _____

BIENS DE PRODUCTION

A. CAPITAL TECHNIQUE

Jean-Noël Bert est le fondateur de Technitec, une entreprise de 200 salariés, qui fabrique des composants électroniques. Il parle des **investissements** qu'il faut réaliser pour créer et développer une entreprise.

« Pour créer une entreprise, il faut des capitaux. Avec l'argent **investi** dans l'entreprise, on achète des **biens de production**, c'est-à-dire des biens qui sont utilisés pour créer un autre bien ou un service. Les biens de production sont aussi appelés **capitaux techniques**. »

Il existe deux types de biens de production :
– d'une part, **les biens d'équipement,** appelés aussi **le capital fixe** ;
– d'autre part, **les biens intermédiaires**, appelés aussi **le capital circulant**. »

Biens de production = capital technique
- Biens d'équipement = capital fixe
- Biens intermédiaires = capital circulant

B. CAPITAL FIXE

Les biens d'équipement sont des **biens durables** car ils sont faits pour durer (pendant au moins un an). Exemples : les bâtiments, les machines, les **véhicules de transports**, etc.

Quand une entreprise acquiert (= achète) du capital fixe, on dit qu'elle **investit** (= elle **réalise un investissement**).

Jean-Noël Bert : « Chaque année, nous **consacrons** au moins 7 % de notre chiffre d'affaires à l'investissement. L'année prochaine, nous investirons dans une nouvelle usine en Pologne. Une entreprise qui veut rester **à la pointe** (= moderne) et **compétitive** doit investir. »

C. CAPITAL CIRCULANT

Les biens intermédiaires sont des **biens non durables** car ils sont consommés ou transformés dans **le processus de production**. C'est le cas des **matières premières** et de **l'énergie**.

Les matières premières sont des **produits de base**, non élaborés, utilisés pour produire un bien. Ex. : le bois utilisé pour fabriquer le papier, la farine du boulanger.

Pour produire, les entreprises peuvent utiliser différents types d'énergie. Exemples : énergies **électrique (électricité), nucléaire, fossile (charbon, gaz, pétrole,** etc.**), solaire** (soleil), **thermique** (chaleur), **éolienne** (vent), etc. Les **ressources énergétiques** varient d'un pays à l'autre.

Une plateforme pétrolière

BIENS DE PRODUCTION

EXERCICES

1 — Capital fixe ou capital circulant ?

Une agence de voyages achète :

	FIXE	CIRCULANT
1. un ordinateur	☐	☐
2. un fauteuil de bureau.	☐	☐
3. des feuilles de papier.	☐	☐
4. une machine à café.	☐	☐
5. quelques paquets de café.	☐	☐

2 — Vrai ou faux ?

	VRAI	FAUX
1. Les biens intermédiaires sont des biens non durables.	☐	☐
2. Un chauffeur de taxi qui achète un nouveau taxi réalise un investissement.	☐	☐
3. Le vent et le soleil sont des matières premières.	☐	☐
4. Le plus souvent, on met du pétrole dans sa voiture.	☐	☐

3 — Associez

1. Bien   ⇒ *b*   a. technique.
2. Capital   ⇒ …   b. de production.
3. Énergie   ⇒ …   c. de base.
4. Véhicule   ⇒ …   d. de transport.
5. Ressource   ⇒ …   e. énergétique.
6. Produit   ⇒ …   f. nucléaire.

4 — Complétez les mentions manquantes avec des sources d'énergie.

1. Cette entreprise exploite plusieurs puits de _____ en Irak.
2. Il fait une _____ étouffante dans cette région !
3. Aujourd'hui, le _____ souffle très fort.
4. Il y a eu une panne d'_____ dans toute la ville.
5. Tu ne trouves pas que ça sent le _____ ici ?
6. En France, on a fermé toutes les mines de _____ .

PRODUIRE

A. OBJECTIFS DE LA PRODUCTION

Max Jobert est **le directeur technique** (= **le directeur de production**) de Technitec.
Il parle de son métier :
« Nous **poursuivons** trois **objectifs** :
1. **Réduire les coûts de production** (= l'argent qu'il faut dépenser pour produire).
2. **Respecter les délais.**
3. Améliorer **la qualité des produits.**
Autrement dit, nous cherchons à produire **à moindre coût** (= le moins cher possible), aussi rapidement que possible, des produits de meilleure qualité. »

B. ÉTAPES DE LA PRODUCTION

Max Jobert : « Nous commençons par **concevoir** les produits. Ensuite, nous organisons **le processus de production** : nous choisissons le matériel, nous organisons **les tâches** (le travail) des ouvriers, etc. À la fin, nous **contrôlons la qualité** des produits. »

C. MODES DE PRODUCTION

Voici différents modes de production :
■ Production **à l'unité** : réalisation d'un projet unique (ex. : une fusée).
■ Production **en petite série** : en petite quantité (ex. : des avions).
■ Production **en grande série** : fabrication de **produits standardisés**. On parle aussi de **production de masse** ou de **production à la chaîne**.
■ Production **continue** ou **en continu** : production réalisée sans interruption. Le travail est réalisé par **des équipes d'ouvriers** qui se succèdent nuit et jour. On utilise **le travail posté** : les 24 heures d'une journée sont divisées en périodes de travail.
■ **Ateliers flexibles** :
Max Jobert, de nouveau : « Notre usine comprend quatre ateliers flexibles. Ces ateliers sont dits « flexibles » parce que nous pouvons à tout moment adapter la production à **l'évolution de la demande**. Nous réalisons ainsi une production qui est à la fois individualisée et en grande série. La production est **automatisée** et **informatisée**. L'usine est **équipée de robots** et d'**ordinateurs**. Deux **informaticiens** s'occupent exclusivement des questions **informatiques**. »

Construction d'une fusée

PRODUIRE

EXERCICES

1 🎧 29 Complétez les mentions manquantes. Puis écoutez pour vérifier.

1. Grâce à la baisse du prix du pétrole, nous avons r_____ nos c_____ de p_____ de 10 %.

2. Il faut produire toujours plus vite, les d_____ sont de plus en plus difficiles à r_____ .

3. Nos équipes travaillent en c_____ , 24 heures sur 24.

4. Notre objectif : le zéro défaut. C'est pourquoi nous c_____ de très près la q_____ de nos produits.

5. L'usine est é_____ de robots, notre production est entièrement a_____ .

6. Grâce à notre m_____ de production très f_____ , nous pouvons nous adapter rapidement à l'é_____ de la d_____ .

7. Dans le service i_____ travaillent une dizaine d'ingénieurs i_____ .

2 À quel type de production correspond chacune des situations suivantes ?

	À L'UNITÉ	EN PETITE SÉRIE	DE MASSE
1. Une entreprise fabrique des trains à grande vitesse.	☐	☐	☐
2. Des ouvriers construisent un pont.	☐	☐	☐
3. Un metteur en scène réalise un film.	☐	☐	☐
4. Michelin fabrique des pneus.	☐	☐	☐
5. Dans cette usine, on fabrique des savons.	☐	☐	☐
6. Les Chinois construisent un satellite.	☐	☐	☐
7. La Poste fabrique des timbres de collection.	☐	☐	☐
8. Un tailleur fait des vêtements sur mesure.	☐	☐	☐

3 Vrai ou faux ?

	VRAI	FAUX
1. Les produits standardisés sont fabriqués en grande série.	☐	☐
2. Pour produire en continu, on utilise le travail posté.	☐	☐
3. Avant de concevoir les produits, il faut contrôler leur qualité.	☐	☐

PRODUCTIVITÉ

A. PRODUCTIVITÉ ET RENTABILITÉ

Max Jobert, directeur de la production de la société Technitec, explique ce qu'est **la productivité** :

« C'est le rapport entre le résultat obtenu et les efforts qui ont été nécessaires pour obtenir ce résultat. Une entreprise est **productive** quand elle produit efficacement. Autrement dit, être productif, c'est être efficace. Quand nos ouvriers produisent plus efficacement – c'est-à-dire mieux et plus vite -, on dit que **la productivité du travail** augmente. Grâce à une meilleure productivité, Technitec est devenue plus **rentable** (= profitable). Nous avons augmenté notre **rentabilité** = nous gagnons plus d'argent. »

B. FACTEURS DE PRODUCTIVITÉ

Max Jobert : « Pour être productive, une entreprise, qu'elle soit grande ou petite, doit :
– disposer de bons **outils (biens) de production** ;
– être bien **organisée** ;
– employer une **main-d'œuvre** (des travailleurs) **qualifiée** et **motivée**. »

C. COÛTS DE PRODUCTION

Il existe deux types de coûts de production :
– les **coûts fixes** : ils ne dépendent pas de la quantité produite. Ex. : loyer d'un immeuble.
– les **coûts variables** : ils varient avec la quantité produite. Ex. : matières premières, énergie.

D. GAINS DE PRODUCTIVITÉ

Une entreprise **gagne en productivité** = **augmente sa productivité** quand elle produit plus sans augmenter **les coûts de production**.

Pour être **compétitives** = pour **résister à la concurrence** (= la compétition), les entreprises cherchent à augmenter leur productivité « Nous devons produire plus et moins cher des produits de meilleure qualité. », explique Max Jobert.

Dans les pays de l'Union européenne, il fallait en moyenne 500 heures de travail en 1960 pour acheter une machine à laver. En 1980, il en fallait 100. Aujourd'hui, il en faut seulement 30. Les **gains** (= l'augmentation) **de productivité** entraînent une augmentation **du niveau de vie** de la population. Ils permettent d'augmenter **le pouvoir d'achat** des **ménages (consommateurs)**, qui peuvent acheter plus en travaillant moins.

Production agroalimentaire

PRODUCTIVITÉ

EXERCICES

1 — Coûts fixes ou coûts variables ?

	FIXES	VARIABLES
1. Les assurances contre l'incendie des locaux.	☐	☐
2. Le salaire du directeur administratif.	☐	☐
3. Le chauffage du bureau du directeur administratif.	☐	☐
4. Les commissions versées aux vendeurs.	☐	☐
5. L'électricité consommée par les machines.	☐	☐
6. Les frais de transport.	☐	☐

2 — Complétez les mentions manquantes.

1. Pour faire face à la c_____, les entreprises doivent être p_____.
2. Depuis qu'ils ont modernisé leur o_____ de p_____, les g_____ de productivité ont augmenté de 15 % et l'entreprise est devenue r_____.
3. Le p_____ d'a_____ d'un ouvrier augmente si son salaire augmente plus vite que les prix.
4. La productivité est faible pour deux raisons : l'entreprise est mal o_____ et le personnel n'est pas m_____.
5. Dans un pays développé, la m_____ d'o_____ est généralement q_____ et le n_____ de v_____ des habitants est élevé.

3 — Une entreprise améliore-t-elle la productivité du travail dans les cas suivants ?

	OUI	NON
1. Elle a créé trois postes supplémentaires, mais le niveau de production n'a pas varié.	☐	☐
2. Elle a réduit le coût du travail de 10 % et la production a baissé de 5 %.	☐	☐
3. Le niveau de production ne varie pas alors que plusieurs emplois ont été supprimés.	☐	☐
4. Le temps de travail et la production ont augmenté de 10 %.	☐	☐

36 RECHERCHE ET DÉVELOPPEMENT

A. DE LA RECHERCHE AU DÉVELOPPEMENT

La mise au point d'un produit passe souvent par les trois **phases** (étapes) suivantes :
– Phase 1 : **la recherche fondamentale**.
– Phase 2 : **La recherche appliquée.**
– Phase 3 : **Le développement du produit**.

Henri Tissier dirige **le laboratoire** d'une entreprise pharmaceutique. Il parle de **recherche et développement** :

« Notre **labo** emploie 19 **chercheurs**. Nous **mettons au point** des médicaments anti-infectieux.

Nous travaillons **en partenariat** (= en association) avec **un centre de recherche** universitaire installé à Paris. Ce centre est très réputé (connu) dans **les milieux scientifiques**. Ses **découvertes** sont régulièrement **publiées** dans des **revues spécialisées**.

Dans notre laboratoire, **nous faisons** surtout **de la recherche** appliquée, c'est-à-dire que nous recherchons des **applications industrielles**. Après avoir **découvert** un nouveau médicament, nous passons à la phase de développement : nous **pratiquons** de nombreux **tests** (ou **essais**), nous contrôlons **la fiabilité** du produit, pour nous assurer qu'il peut être utilisé sans problème.

Finalement, nous devons obtenir **l'agrément** (= l'autorisation) de l'administration pour avoir le droit de vendre le nouveau médicament. »

B. VEILLE TECHNOLOGIQUE

Jean-Michel Combe dirige une société privée de veille technologique. Il explique ce qu'est **la veille technologique** :

« Elle consiste à surveiller l'environnement et principalement les concurrents. C'est une sorte d'**espionnage industriel** légal. Les Américains parlent d'« intelligence service ». Aujourd'hui, les **procédés de fabrication** et les produits eux-mêmes sont vite **obsolètes** (= vieillis). Pour survivre, l'entreprise doit continuellement s'adapter au **progrès technologique**, utiliser **une technologie de pointe** (= high tech), **innover** (changer, inventer). **Une obsolescence** (= un vieillissement) détectée trop tard peut être fatale (mortelle) pour l'entreprise.

L'objectif final de la veille technologique, c'est **l'innovation**, qui permet à l'entreprise de s'adapter aux **mutations** (= changements) de plus en plus rapides de son environnement. **La collecte** d'informations est parfaitement légale. Vous pouvez trouver 90 % des informations dans la presse, dans les **rapports** d'**experts**, sur Internet, dans les documentations commerciales et même dans les publicités de vos concurrents. »

RECHERCHE ET DÉVELOPPEMENT

EXERCICES

1 Complétez les mentions manquantes.

1. Grégoire Delaporte dirige un centre de r_____ à Montréal.
2. C'est un c_____ de haut niveau.
3. Il est très connu dans les milieux s_____ .
4. Son équipe a réalisé plusieurs d_____ importantes.
5. Les résultats de ses travaux sont p_____ dans des r_____ spécialisées.

2 Mots croisés.

Horizontalement

1. Association d'entreprises, d'institutions en vue de mener une action commune. *Ex. : un accord de …*
2. Mouvement en avant. *Ex. : les … de la médecine.*
3. Changement, nouveauté. *Ex. : une … scientifique.*
4. Essai. *Ex. : un … de laboratoire.*
5. Spécialiste. *Ex. : un … en acoustique.*
6. Recueil d'informations. *Ex. : la … des données d'une enquête.*
7. Étape d'une évolution. *Ex. : la première … d'une maladie.*

Verticalement

a. Surveillance. *Ex. : la … technologique.*
b. Dépréciation. *Ex. : l'… d'une machine.*
c. Aptitude d'un matériel ou d'un système à fonctionner sans problème. *Ex. : un appareil de grande …*
d. Permission. *Ex. : il a besoin de l'… du directeur.*
e. Méthode employée pour parvenir à un certain résultat. *Ex. un … de fabrication.*

37 PROPRIÉTÉ INTELLECTUELLE

A. DÉPÔT DE BREVET

Un brevet est un certificat qui protège **une invention**.

Claire Flageul travaille à l'INPI (Institut National de Propriété Intellectuelle), à Paris. Elle parle du **dépôt de brevet** :

« Celui qui a **inventé** quelque chose est **l'inventeur**. Il est **propriétaire** de son invention. Pour garantir **son droit de propriété**, il a intérêt à **faire un dépôt** de brevet auprès d'un organisme public, comme l'INPI. Les brevets que nous **délivrons** protègent l'invention pendant une durée déterminée. Mais attention ! Seules les inventions **susceptibles** (capables) **d'applications industrielles** sont **brevetables**. Une simple idée n'est pas brevetable.

Le titulaire (propriétaire) d'un brevet bénéficie d'une **protection juridique** pour **l'exploitation exclusive** du brevet. Il a **un monopole d'exploitation**, c'est-à-dire qu'il est le seul à pouvoir **exploiter** l'invention **brevetée** dans le ou les pays où il a **déposé le brevet**. Parfois, l'inventeur n'exploite pas lui-même son invention. Il autorise **un tiers** (une autre personne) à utiliser son brevet. En contrepartie, il reçoit une somme d'argent, appelée **une redevance**. Cette autorisation s'appelle **une licence**. Le contrat entre l'inventeur et ce tiers s'appelle **un contrat de licence**. »

B. DESSINS, MODÈLES, MARQUES

Claire Flageul : « À l'INPI, il est également possible de déposer :
– **un modèle de fabrique : un dessin** ou un objet (par exemple : **un prototype**, c'est-à-dire le premier exemplaire pour une fabrication industrielle),
– **une marque :** un nom, **un logo**, etc.

C. PROPRIÉTÉ LITTÉRAIRE ET ARTISTIQUE

La propriété littéraire et artistique concerne les droits des écrivains et des artistes sur leurs **œuvres**.

Le droit d'auteur permet à l'auteur d'exploiter son œuvre à son profit pendant une durée déterminée. En règle générale, la protection du droit d'auteur dure pendant la vie de l'auteur et subsiste 50 ans après sa mort au profit des héritiers. Passé ces 50 ans, l'œuvre **tombe dans le domaine public**.

En résumé, voici les différents domaines de la propriété intellectuelle :

Propriété intellectuelle
- Propriété industrielle
  - Brevets
  - Modèles
  - Marques
- Propriété littéraire et artistique

PROPRIÉTÉ INTELLECTUELLE

EXERCICES

1 🎧 30 Voici deux articles extraits de la loi sur la propriété industrielle. Complétez les mentions manquantes. Puis écoutez pour vérifier.

PROPRIÉTÉ INDUSTRIELLE

Art 2. Les br_____ d'in_____ sont dé_____ pour une du_____ de vingt ans à compter du dé_____ de la demande. Ils confèrent (donnent) à leur ti_____ un droit ex_____ d'ex_____ .

Art. 10. Sont br_____ les inventions nouvelles impliquant une activité inventive et su_____ d'ap_____ industrielle.

2 Mots croisés.

Horizontalement

1. Symbole graphique servant à distinguer un produit ou une entreprise.
2. Nouveauté scientifique ou technique.
3. Conjonction de coordination.
4. Mot ou groupe de mots servant à désigner un produit ou une entreprise.
5. Signe servant à distinguer un produit de celui de la concurrence.

Verticalement

a. Autorisation d'exploiter un brevet d'invention.
b. Objet servant de prototype à une fabrication industrielle.
c. Quelqu'un d'autre.
d. Ce qui est permis conformément à la loi.
e. Production littéraire ou artistique.
f. Représentation d'un objet sur une surface (papier ou informatique).

3 Vrai ou faux ?

	VRAI	FAUX
1. En principe, le titulaire d'un brevet d'invention bénéficie d'un monopole d'exploitation de son invention dans le monde entier.	☐	☐
2. Selon le contrat de licence, il doit payer une redevance à l'autre partie.	☐	☐
3. Après une certaine période, les droits d'auteur tombent dans le domaine public.	☐	☐

quatre-vingt-trois • 83

PRODUCTION

38 SOUS-TRAITANCE

A. LA SOUS-TRAITANCE, QU'EST-CE QUE C'EST ?

Axelle Rougier travaille comme **ingénieur de production** chez un **constructeur** automobile. Elle explique ce qu'est **la sous-traitance** :

« Dans la sous-traitance, une entreprise, appelée **le donneur d'ordre**, confie une partie de sa production à une autre entreprise, **le preneur d'ordre**, qu'on appelle aussi **le sous-traitant**.

Dans les voitures que nous fabriquons, environ 70 % de l'équipement de base est fabriqué par des sous-traitants. Nous les appelons des **équipementiers**. Ils **sont spécialisés dans** la fabrication de **pièces détachées**. Quant à nous, nous nous limitons de plus en plus à **l'assemblage**, c'est-à-dire à **assembler** ces pièces.

Nous nous recentrons (= nous nous concentrons) **sur** notre **métier de base,** c'est-à-dire sur **le cœur de notre métier** : **la conception** des voitures. Bientôt peut-être, nous n'aurons plus d'usines. Il ne nous restera plus que **le bureau d'études**. »

Assemblage d'une automobile

B. EST-CE LA MEILLEURE SOLUTION ?

Une entreprise **sous-traite** (= fait faire) sa production. On dit aussi qu'elle **externalise** sa production (elle fait faire à l'extérieur).

Axelle Rougier : « **L'externalisation** est une solution intéressante car elle permet d'être plus **flexible**. Mais elle pose aussi des problèmes. Quand il y a une multitude de sous-traitants spécialisés, comme chez nous, l'organisation de la production devient très complexe.

D'abord, nous devons rédiger en détail **le cahier des charges** (= **le contrat de sous-traitance**) entre nous et le sous-traitant. Ensuite, nous devons **assurer le suivi** de ce cahier des charges, c'est-à-dire contrôler que le produit **livré** est bien **conforme à** ce qui a été demandé.

Souvent, nous devons communiquer au sous-traitant des informations sur nos **méthodes de fabrication**. Nous pouvons même lui **révéler** des **secrets de fabrication**. Ces informations sont **confidentielles** (secrètes), et le sous-traitant ne doit pas les **divulguer** (= révéler). Mais on ne peut jamais être sûr. »

« La sous-traitance n'est pas toujours le meilleur moyen d'organiser la production », conclut Axelle Rougier.

SOUS-TRAITANCE

EXERCICES

1 🎧 31 Lisez les déclarations suivantes et/ou écoutez. Puis dites qui parle. Le donneur d'ordre (DO) ou le sous-traitant (ST) ?

> La sous-traitance nous permet de réduire nos coûts de production et d'être plus flexibles.

1. *DO*

> Nous dépendons d'un seul client.

4. _____

> Nous devons respecter les délais de livraison.

2. _____

> Nous devons faire attention à ne pas leur révéler tous nos secrets de fabrication.

5. _____

> Notre personnel a peur que l'externalisation des tâches entraîne une suppression de postes.

3. _____

> Nous sous-traitons quand nous manquons de savoir-faire pour fabriquer tel ou tel produit.

6. _____

2 Entourez la bonne réponse.

1. Pour rester compétitives, beaucoup de grandes entreprises [sous-traitent] [assemblent] une partie de leur [production] [équipement]. Elles [se recentrent] [sont spécialisées] sur leur métier [de base] [de cœur].

2. Ainsi, les [constructeurs] [équipementiers] automobiles sous-traitent à des [constructeurs] [équipementiers] la fabrication des pièces [détachées] [spécialisées].

3. Dans les [usines] [bureaux d'études], les ouvriers s'occupent de [l'assemblage] [la conception]. Dans les [usines] [bureaux d'études], les ingénieurs travaillent à [l'assemblage] [la conception] des voitures.

4. Le [donneur d'ordre] [sous-traitant] a de nombreuses obligations. Il doit livrer des produits [conformes] [confidentiels] au cahier [des charges] [de sous-traitance].

5. Si le [donneur d'ordre] [sous-traitant] lui a [externalisé] [révélé] des informations [conformes] [confidentielles], voire des [secrets] [ordres] de fabrication, le sous-traitant n'a pas le droit de les [externaliser] [divulguer].

GESTION DE STOCKS

A. INVENTAIRE

Les stocks sont des **marchandises** que l'entreprise a **en réserve** et qu'elle veut :
– soit vendre,
– soit utiliser pour fabriquer un produit.

Dans les stocks, on trouve :
– des **produits finis** : ils sont prêts à être vendus.
– des **produits semi-finis** : ils ne sont pas encore tout à fait finis ;
– des **pièces détachées** ;
– des **emballages** (packaging) ;
– des **matières premières** (l'acier, le bois, etc.).

Ces différentes marchandises sont **stockées** (= **entreposées**) dans un bâtiment spécial, qu'on appelle **un entrepôt** ou **un magasin**.
NOTE : **un magasin** est aussi une boutique ou un commerce où vous pouvez faire vos achats. Ex. : un magasin d'alimentation, un magasin de vêtements, etc.

Un entrepôt

Le stockage doit être fait dans de bonnes conditions pour conserver les marchandises en bon état. **Gérer** (administrer) les stocks coûte cher. **Les frais de stockage** – ou **coûts de stockage** - comprennent les frais de **manutention** et d'**entretien** (= de **maintenance**) des marchandises, la surveillance du magasin, les assurances, etc.

Pour connaître précisément les stocks de l'entreprise, **on fait l'inventaire** des stocks. Quand les stocks sont importants, on dit que **le niveau des stocks** est **élevé**.

Quand l'entreprise n'a plus de marchandise en stock, on dit qu'elle **est en rupture de stock**. Une rupture de stock peut avoir plusieurs causes. Par exemple :
– **le fournisseur** n'a pas livré **dans les délais** (il est en retard) ;
– l'entreprise a **écoulé** (vendu) la marchandise plus vite que prévu ;
– le responsable des achats a oublié d'**approvisionner** (= d'acheter les marchandises pour) le magasin.

B. JUSTE À TEMPS

Axelle Rougier, ingénieur de production, explique comment les stocks sont gérés dans son entreprise :
« Comme les stocks coûtent cher, nous travaillons **à flux tendus**, c'est-à-dire que **nous nous approvisionnons** en pièces détachées (nous achetons des pièces détachées) au dernier moment, une fois la production lancée. Notre objectif : **le zéro-stock**. Les sous-traitants nous livrent **juste à temps**, c'est-à-dire juste au moment où nous avons besoin des pièces. De cette façon, nous n'avons pas besoin de stocker la marchandise. Mais cette organisation comporte un risque : le moindre **retard de livraison** peut paralyser la production. »

GESTION DE STOCKS

EXERCICES

1 🎧 32 Complétez les mentions manquantes de cet extrait d'interview. Puis écoutez pour vérifier.

1. – De quoi se composent vos stocks ?
   – De p_____ f_____ , qui sont prêts à être vendus.
2. – Où sont-ils e_____ ?
   – Dans notre e_____ central, à Senlis.
3. – Sont-ils importants ?
   – Cette année, avec la crise, nous n'avons pas réussi à é_____ nos stocks. Leur n_____ est donc très é_____ et nous avons des f_____ de s_____ importants.
4. – Vous arrive-t-il d'être en r_____ de stock ?
   – Rarement. Généralement, nous veillons à nous a_____ à temps.
5. – Vos fournisseurs vous livrent-ils toujours dans les d_____ ?
   – Toujours, non. Mais dans l'ensemble, il y a peu de r_____ de l_____ .

2 Complétez le texte ci-dessous avec les mots ou expressions suivants :
fournisseurs – gestion des stocks – juste-à-temps – matières premières – zéro stock

La méthode du (1) _____ est une méthode de (2) _____ qui vise (a pour objectif) le (3) _____ . Pour cela, les (4) _____ et les pièces détachées sont livrées juste avant qu'on en ait besoin. Cette méthode nécessite une parfaite coordination entre l'entreprise et ses (5) _____ .

3 Mots croisés.

Horizontalement

1. Packaging. *Ex. : papier d'…*
2. S'occuper de (quelque chose). *Ex. : … les stocks.*
3. Description détaillée d'un ensemble de choses. *Ex. : faire l'… d'un magasin.*

Verticalement

a. Déplacement manuel ou mécanique de marchandises. *Ex. : la … des bagages.*
b. Provision, stocks. *Ex. : du bois en …*
c. Mouvement, déplacement. *Ex. : … tendus.*
d. Montant, prix. *Ex. : le … d'une marchandise.*
e. Entrepôt. *Ex. : dépôt des marchandises dans le …*
f. Temps accordé pour faire quelque chose. *Ex. : le … de livraison.*

RISQUES INDUSTRIELS

A. HYGIÈNE

Alice Boisseau est responsable du personnel chez Navel, une entreprise de construction mécanique. Elle parle de **l'hygiène** dans l'usine :

« J'attache beaucoup d'importance à l'hygiène, c'est-à-dire à tout ce qui **préserve** (protège) la santé des ouvriers. Dans notre entreprise, les **maladies professionnelles** (= maladies causées par le travail) n'existent pas.

Je fais attention à la **propreté** de nos ateliers, à **l'aération**, au **chauffage**, à **l'éclairage**, **au bruit**, aux **installations sanitaires**, bref, à tout ce qui permet de travailler dans de bonnes conditions. Si vous visitez nos ateliers, vous verrez qu'ils sont **propres**, bien **aérés** (il y a de l'air), bien **chauffés**, bien **éclairés**, peu **bruyants**.

De bonnes **conditions de travail** favorisent une bonne **ambiance** (atmosphère) **de travail**. Chez nous, il y a peu d'**absentéisme** : les ouvriers ne sont pas souvent absents, ils ne prennent pas de **congé de maladie** pour un petit rhume. »

B. SÉCURITÉ

Michel Lopez est « **responsable sécurité** » chez Navel. Il parle de son travail :

« Mon travail consiste à **évaluer** (calculer) et à **gérer les risques**. En plus des **prescriptions** (ordres) de la loi, j'ai moi-même établi un certain nombre de règles, qui sont inscrites dans **le règlement intérieur** de l'usine. Il s'agit de **mesures de prévention**, car mon rôle est de **prévenir** les accidents, non pas de guérir les malades. Par exemple, tous les ouvriers de l'atelier 3 doivent **porter** des gants de protection. De même, **le port** d'un masque est **obligatoire** pour l'utilisation de certaines machines.

Mais **le risque zéro** n'existe pas. Cette année encore, malheureusement, un ouvrier a été victime d'un grave **accident du travail.** »

Risques du travail

C. ENVIRONNEMENT

Les entreprises consomment des énergies, elles produisent des **déchets** (des restes qu'il faut jeter), elles génèrent de la **pollution** et des **nuisances** (elles nuisent / sont un danger pour la qualité de la vie). Certaines **polluent** et ne **respectent** pas **l'environnement**.

Mais, chez Navel, on se préoccupe beaucoup de **la protection de l'environnement**. « Nous sommes une entreprise responsable », conclut Alice Boisseau.

RISQUES INDUSTRIELS

EXERCICES

1   Trouvez la cause.

1. Il fait un froid de canard ici !   ⇒ **e**
2. C'est un peu sale chez lui !   ⇒ …
3. On ne voit rien dans cette pièce !   ⇒ …
4. On étouffe, l'air est irrespirable !   ⇒ …
5. Il n'entend pas bien ce que vous dites. ⇒ …
6. Ce n'est pas un travail dangereux.   ⇒ …

a. Le système d'aération est défectueux.
b. L'éclairage n'est pas très bon.
c. La propreté n'est pas son fort.
d. Il n'y a aucun risque.
e. Le chauffage ne fonctionne pas.
f. Les machines font beaucoup de bruit.

2   Entourez la bonne réponse.

1. Dans cette entreprise, il y a une très bonne | ambiance | prévention | de travail.
2. C'est bien connu, mieux vaut | guérir | prévenir | que | guérir | prévenir |.
3. Certaines entreprises sont accusées de ne pas respecter | l'environnement | la pollution |.
4. Il y a des fuites d'eau, il faudrait refaire les installations | professionnelles | sanitaires |.
5. Comme le personnel n'est pas très motivé, il y a beaucoup | d'absentéisme | de risques |.
6. Il n'y pas assez de lumière dans les ateliers, c'est mal | éclairé | aéré |.

3   Complétez les mentions manquantes.

1. Le r_____ intérieur de l'entreprise est affiché à l'entrée de l'usine.
2. Le p_____ d'un casque est o_____ sur le chantier.
3. Les d_____ industriels p_____ les rivières.
4. Malgré les nombreuses mesures de p_____, il y a eu un accident du travail dans l'usine.
5. La tâche du responsable sécurité consiste à é_____ et à g_____ les risques.
6. Les c_____ de t_____ concernent principalement l'h_____ et la s_____ .

4   Complétez les phrases.

1. Les mesures d'hygiène ont pour objectif (but) de _____
2. Une maladie professionnelle trouve son origine dans _____
3. Quand il est sérieusement malade, un salarié doit _____
4. Une nuisance, c'est quelque chose qui _____
5. Toute entreprise responsable devrait _____

41 INDICATEURS ÉCONOMIQUES

A. MESURES DE LA PRODUCTION

La valeur ajoutée	C'est la richesse créée = biens et services produits (principalement par les entreprises).
Le PIB	**Le produit intérieur brut (PIB)** d'un pays est la valeur des biens et services produits pendant une année à l'intérieur de ce pays.
La croissance	C'est l'augmentation du PIB.

B. CYCLES ÉCONOMIQUES

Les cycles économiques sont des **fluctuations** (= **variations**) plus ou moins régulières de **la conjoncture** (= situation) économique. Voici les différentes **phases** (périodes) d'un cycle économique :

Croissance du PIB — Crise

Expansion | Dépression ou récession | Stagnation | Reprise

L'expansion	C'est une phase de croissance : le PIB **progresse** (= augmente).
La crise	C'est le passage d'une phase d'expansion à une phase de dépression.
La dépression	C'est **une chute** (= forte et brutale diminution) de la production. Quand la production diminue **faiblement**, on parle d'**une récession**.
La stagnation	La production **stagne** (elle n'augmente pas et elle ne diminue pas). La croissance est **nulle** (= zéro).

Ces différentes phases s'accompagnent de variations plus ou moins importantes des prix. On parle d'**inflation** quand les prix **montent** (augmentent) et de **déflation** quand les prix **baissent**.

> **L'INFLATION REPART EN EUROPE**
> L'INFLATION a de nouveau **fortement** augmenté en mai dans **la zone euro**, pour **atteindre une hausse** de 3,4 % sur un an, **un chiffre record** depuis 1993. **Le taux d'inflation** annuel de la zone euro **s'établissait** à 2,9 % en avril....

C. MONDIALISATION

Autrefois, les crises étaient **localisées** (= limitées) à un secteur de **l'activité économique** ou à un pays. Mais aujourd'hui, en raison des **progrès des communications** et des **transports**, de **la libéralisation des échanges** (dans le commerce international), le monde est devenu un vaste marché. Avec **la mondialisation** de l'économie, les crises sont devenues mondiales.

INDICATEURS ÉCONOMIQUES

EXERCICES

1 — Complétez le texte avec les mots suivants :
dépressions – cycles – phases – crises – récessions

Les économistes ont d'abord analysé les (1) _____ économiques comme des accidents, irréguliers et imprévisibles. Puis s'est développée la thèse des (2) _____ économiques réguliers et de durée déterminée. Ces cycles comprennent quatre (3) _____ : expansion, crise, dépression, reprise. Aujourd'hui, les (4) _____ , caractérisées par une chute importante de la production, ont laissé place à des (5) _____ , caractérisées par une baisse légère et momentanée de la croissance.

2 — À l'aide du graphique ci-contre, complétez les phrases suivantes.

1. En janvier et février, l'activité économique a s_____ .
2. En mars, elle a légèrement p_____ .
3. En avril, elle a f_____ b_____ .

3 — Les phrases suivantes sont extraites de la presse économique. Entourez la bonne réponse.

1. Le groupe PPX a annoncé un chiffre d'affaires | intérieur | record | de 230 millions d'euros.
2. La BCE (Banque centrale européenne) prévoit une | activité | croissance | nulle dans la | région | zone | euro au deuxième trimestre.
3. | La déflation | l'inflation | continue : les prix ont encore baissé lors des six derniers mois.
4. L'industrie chimique est principalement | localisée | créée | dans la vallée du Rhône.
5. Le chiffre d'affaires de la société Ribox a légèrement baissé, mais son bénéfice est | en chute | en hausse | de 4 %.

4 — Dans la liste ci-dessous, retrouvez deux causes à la mondialisation de l'économie.

- La conjoncture économique s'est nettement améliorée.
- Les entreprises créent plus de valeur ajoutée.
- Il est devenu plus facile de transporter les marchandises et les personnes.
- L'économie mondiale a échappé à la récession.
- La libéralisation des échanges s'est considérablement développée.
- Les fluctuations de l'activité économique sont restées limitées.

42 AGENTS DU MARCHÉ

A. QU'EST-CE QU'UN MARCHÉ ?

Avant de vendre un produit, l'entreprise doit savoir *quoi* vendre et *à qui*. Elle doit savoir *où* vendre, *comment* vendre, *quand* vendre, etc. Bref, avant toute chose, l'entreprise doit connaître **le marché**. « Connaître avant d'agir », c'est l'idée force du marketing.

Le marché est *un lieu de rencontre* entre des **agents économiques** qui vendent et achètent des produits divers (biens, services, etc.). L'entreprise vend ses biens ou ses services **sur** un marché où elle trouve des **concurrents**, des **distributeurs**, des **consommateurs**.

NOTE : Le mot « **marché** » a un autre sens. Il désigne également les **clients**, **actuels** et **potentiels** (= possibles). Dans ce sens, on peut aussi parler d'**un débouché**. Par exemple : Avec l'apparition du DVD, le marché (= le débouché = les clients) pour les cassettes vidéo a disparu.

B. CONCURRENTS

La **libre concurrence** est une caractéristique de **l'économie de marché**. Sur **un marché concurrentiel**, les entreprises **sont en concurrence** les unes avec les autres. Souvent la concurrence est très **vive**. Une petite entreprise peut difficilement **concurrencer un** grand **groupe**.

C. DISTRIBUTEURS

Les distributeurs sont **des intermédiaires** entre **le producteur** et **le consommateur final**.

Le circuit de distribution peut être direct, court ou long :
– **Circuit direct** : Producteur → Consommateur
– **Circuit court** : Producteur → **Détaillant** → Consommateur
– **Circuit long** : Producteur → **Grossiste** → Détaillant → Consommateur

Le grossiste achète **en gros** (= en grandes quantités) au producteur et revend au détaillant. Le détaillant vend **au détail** (= en petites quantités) au **consommateur final**.

D. DU CÔTÉ DES CONSOMMATEURS

Le consommateur ou l'utilisateur final	Il **consomme** ou utilise un bien ou un service pour un usage non professionnel.
Le consommateur intermédiaire	Il consomme un bien ou un service pour produire un autre bien ou un autre service. Exemple : le boulanger achète de la farine pour faire du pain.
Le prescripteur	Il conseille. Parfois, il décide. Exemple : un médecin, pour des médicaments.

Attention ! **L'acheteur** n'est pas toujours le consommateur ou l'utilisateur. Par exemple : un père achète un jouet pour son enfant. Le père est l'acheteur, l'enfant est l'utilisateur.

AGENTS DU MARCHÉ

EXERCICES

1. Qu'est-ce que c'est ? Complétez. Puis écoutez pour vérifier.

1. Un client qui pourrait acheter le produit dans le futur : c'est un client _____ .
2. Une concurrence qui peut s'exercer librement, sans l'intervention de l'État : c'est une _____ .
3. Une économie où le prix des biens et des services est fixé librement par le vendeur et l'acheteur : c'est une _____ .
4. Un marché où s'exerce la concurrence : c'est un _____ .
5. Le chemin qui conduit un produit du producteur au consommateur : c'est un _____ .
6. Un commerçant qui achète en gros et qui revend au détail : c'est un _____ .

2. Complétez les mentions manquantes.

1. Le p_____ produit, le d_____ distribue, le p_____ conseille, l'a_____ achète, le consommateur c_____ .
2. En Chine, le m_____ des produits de confiserie atteint 5 milliards de dollars. Shanghai est considérée comme le meilleur d_____ .
3. Julien Rondeau, directeur de marketing : « L'objectif de l'activité marketing n'est pas de se battre contre des c_____ , mais de répondre aux besoins des c_____ . »

3. Consommateur, utilisateur, acheteur ou prescripteur ?

1. Un expert-comptable conseille à un client un système de gestion. — *Prescripteur*
2. Un professeur demande à ses étudiants d'acheter son livre. — _____
3. Un employé de bureau travaille sur un ordinateur. — _____
4. Un particulier passe une commande sur Internet. — _____
5. Un chien mange des croquettes de bœuf. — _____

4. Dans chacun des cas suivants, dites si le circuit de distribution est direct, court ou long.

	DIRECT	COURT	LONG
1. Le producteur vend directement au détaillant.	☐	☐	☐
2. Il n'y a pas d'intermédiaire entre le producteur et le consommateur.	☐	☐	☐
3. Les produits sont d'abord stockés chez un grossiste.	☐	☐	☐
4. Une société de vente par correspondance achète directement au producteur.	☐	☐	☐

ÉTUDE DE MARCHÉ

A. SEGMENTATION

Pendant des années, Henri Ford a vendu un seul modèle de voiture, en une seule couleur, à des centaines de milliers d'Américains : c'était la Ford T noire.

Mais aujourd'hui, en général, une entreprise ne peut pas proposer un même produit à une large population. Elle est obligée de **segmenter** son marché, c'est-à-dire de diviser le marché en plusieurs groupes d'individus ayant des caractéristiques communes. Ces groupes s'appellent des **segments**.

Pour constituer ces différents segments, on utilise des **critères de segmentation** : l'âge, le sexe, le revenu, la profession, le niveau d'éducation, etc. Il faut choisir un ou des critères **pertinents** (appropriés). Par exemple, le niveau d'éducation ne serait pas un critère pertinent pour vendre un savon.

Cibler un marché consiste à choisir un segment comme **cible** (= objectif). Une entreprise peut cibler **un segment de marché** plus ou moins important. Un segment très petit, pour lequel il n'existe pas ou pratiquement pas de concurrence, s'appelle **un créneau** ou **une niche**. L'entreprise vend des produits différents à chacun de ces segments. Coca Cola, par exemple, vend du « Coca light » aux femmes, du « Coca sans caféine » aux écologistes, de grandes bouteilles aux familles, etc.

Pour bien définir ces différents segments, les entreprises **font des études de marché**. Elles **réalisent** des **marché-tests**, c'est-à-dire qu'elles **mettent** le produit **en vente** dans un magasin pendant un certain temps afin d'étudier les réactions des consommateurs. Au moyen d'**un questionnaire**, elles réalisent également des **enquêtes de marché**. **Le sondage** est un type d'enquête réalisée auprès d'**un échantillon** (petit groupe représentatif de consommateurs).

B. CYCLE DE VIE

Les produits ne sont pas éternels. Comme les êtres vivants, ils naissent et ils meurent. Il est important d'observer le marché pour savoir à quel moment de sa vie se trouve le produit. Car il ne faut pas attendre que le produit soit mort pour le remplacer.

Le cycle de vie ou **la courbe de vie** d'un produit comprend les quatre **phases** suivantes :

Chiffre d'affaires

Le lancement
L'entreprise **lance** un produit.

La croissance
Le chiffre d'affaires **progresse**.

La maturité
Les ventes **plafonnent** (atteignent un maximum).

Le déclin
Les ventes **déclinent**.

ÉTUDE DE MARCHÉ

EXERCICES

1 Pour chaque produit, choisissez le critère de segmentation le plus pertinent.

Critères de segmentation
a. Le type d'habitat
b. La profession
c. L'âge
d. Le sexe
e. La situation géographique
f. Le revenu

1. Un appareil pour les dentistes.   ⇒ **b**
2. Un parfum.   ⇒ …
3. Un produit bon marché.   ⇒ …
4. Une tondeuse à gazon.   ⇒ …
5. Un jouet.   ⇒ …
6. Un appareil de chauffage solaire.   ⇒ …

2 *Lancement, croissance, maturité ou déclin ?*
Dites à quelle phase du cycle de vie correspond chaque situation.

1. Les ventes sont importantes, mais il n'existe plus aucune perspective de croissance. ⇒ _____
2. Le nouveau produit est introduit sur le marché. ⇒ _____
3. Le produit est peu à peu abandonné par les consommateurs. ⇒ _____
4. Le produit étant accepté par le marché, les ventes progressent rapidement. ⇒ _____

3 Complétez les phrases avec les verbes suivants :
cibler – lancer – plafonner – réaliser – segmenter

1. Pour atteindre ses cibles, toute entreprise a besoin de _____ son marché.
2. Dans certains pays, le nombre d'utilisateurs d'Internet commencent à _____ .
3. Téléfix va _____ un nouveau produit en Europe.
4. Il est important de bien connaître ses clients pour mieux les _____ .
5. Ils vont _____ une enquête de satisfaction auprès de leurs clients.

4 Complétez.

1. Vous voulez réaliser une enquête auprès d'un échantillon de clients. Vous réalisez un _____ .
2. Avant de lancer un produit dans tout le pays, vous souhaitez connaître les réactions des clients d'une région. Vous réalisez un _____ .
3. La société Arthur vend des congélateurs de grande taille. Les principaux clients de cette entreprise sont probablement des _____ .

quatre-vingt-quinze • 95

IDENTIFIER LE PRODUIT

A. GAMME

Une **gamme** de produits est une série de produits similaires offerts par un producteur (ex. : une gamme de meubles). Une gamme comprend différents **articles**. (ex. : des armoires, des lits, des tables, etc.). Chaque article a **une référence** (ex. : le bureau compact 8996).

On trouve :
– des produits **haut de gamme**, qui sont des produits chers, comme les **produits de luxe**,
– des produits **bas de gamme**, qui sont des **produits courants** et bon marché.

B. POSITIONNEMENT

Le positionnement du produit est l'image que le producteur souhaite donner au produit par rapport aux produits concurrents.

Positionner un produit, c'est mettre en avant une caractéristique de ce produit, comme :
– **le prix** (ex. : « Rex Citron, le plus économique des lave-vaisselle. »),
– **la résistance** (ex. : « Duracel, la pile qui dure très longtemps. »).
Cette caractéristique doit répondre à **un besoin** des consommateurs.

C. MARQUE

La marque, ce n'est pas seulement **un nom**. C'est aussi une couleur (jaune Kodack), une image graphique, **un logo** (= un symbole graphique).

Il existe deux types de marques :
– **Les marques de producteur** (= **marques de fabrique**) : la plupart des produits sont **commercialisés** sous **le nom de marque** du producteur. On les appelle des **produits de marque**. Ex. : le yaourt Danone. Ces marques n'ont pas toutes la même **notoriété** : elles sont plus ou moins connues. La marque qui a la plus grande notoriété dans le monde est Coca Cola. Les entreprises doivent défendre leur **image de marque** (réputation).
– **Les marques de distributeur :** le distributeur vend le produit sous son nom (ex. : le Yaourt Carrefour). Parfois, il vend des **produits génériques**. Ex. : un yaourt portant le nom de « Yaourt ».

D. CONDITIONNEMENT

Le conditionnement d'un produit, qu'on appelle aussi **l'emballage** ou **le packaging,** est particulièrement important dans les **magasins en libre-service**. Dans ce type de magasin, les clients se servent eux-mêmes, sans l'aide d'un vendeur. *« C'est le conditionnement qui vend le produit »*, explique Pierre Petibon, chef de rayon dans un supermarché.

IDENTIFIER LE PRODUIT

EXERCICES

1 Complétez avec *gamme* ou *marque*.

1. Une bonne _____ doit être facilement mémorisable.
2. Une _____ courte permet à l'entreprise de concentrer ses efforts marketing sur peu de produits.
3. Une _____ longue permet de couvrir un nombre important de segments de marché.
4. Un produit de _____ réputée pour sa qualité se vend plus facilement qu'un autre.
5. Le producteur peut donner la même _____ à des produits différents.
6. La _____ de voitures Renault est très étendue.
7. Cette entreprise n'a pas une bonne image de _____ .
8. Cette _____ est connue dans le monde entier.

2 Complétez avec *conditionnement* ou *positionnement*.

1. Le _____ protège le produit.
2. Un bon _____ doit répondre à de véritables besoins du consommateur.
3. Par sa forme et ses couleurs, le _____ doit être facilement reconnaissable.
4. Le _____ détermine en grande partie les décisions que l'on prendra concernant le prix, la communication, la distribution, etc.
5. Dans les magasins en libre service, le _____ est la « carte de visite » du produit.
6. Le _____ facilite le transport du produit.

3 Entourez la bonne réponse.

1. Les |articles| références| de ces |articles| références| se trouvent dans le catalogue.
2. Certains consommateurs ne font confiance qu'aux produits |de marque| génériques|, d'autres préfèrent payer moins cher et acheter des produits |de marque| génériques|.
3. La question suivante est extraite d'un test de |notoriété| résistance| : « Quelles sont les marques de lessive que vous connaissez ? »
4. Une boutique |en libre-service| de luxe| vend principalement des produits haut de gamme.
5. Ce médicament sera bientôt |commercialisé| positionné| dans tous les pays européens.
6. Cette entreprise fabrique des |emballages| logos| en plastique.

FIXER LE PRIX

A. PRIX ET COÛTS

Une entreprise doit être **rentable** = elle doit gagner de l'argent. Pour cela, le prix du produit doit être supérieur au **coût** (ou **prix**) **de revient**, c'est-à-dire au coût nécessaire à sa production (= **coût de production**) et à sa distribution.

Le seuil (niveau) **de rentabilité** (= **le point mort**) est le montant du chiffre d'affaires à partir duquel l'entreprise fait des bénéfices.

Le prix TTC (toutes taxes comprises) peut être calculé de la façon suivante :

■ Prix TTC = **Coût de revient + marge** (bénéfice) + **TVA (taxe à la valeur ajoutée)**

B. COURBE DE LA DEMANDE

En général, si le prix augmente, la demande baisse et vice versa. C'est ce qu'on appelle **la courbe de la demande**.

Les consommateurs sont plus ou moins sensibles au prix. On dit que la demande est **élastique** si elle est sensible au prix. L'**élasticité de la demande** par rapport au prix (= **l'élasticité-prix**) peut être **faible** (voire presque nulle) ou **forte** selon les produits.

Volume (montant) **des ventes** / Prix

Le prix d'acceptabilité est le prix considéré par le consommateur comme **acceptable** par comparaison avec les prix des concurrents. Pour **déterminer** (= **fixer**) le prix d'acceptabilité d'un produit, on peut réaliser **un test de prix**.

C. TYPES DE PRIX

Un prix		
	administré	prix fixé autoritairement par l'administration.
	de marché	prix fixé par la rencontre de **l'offre** et de **la demande**.
	de lancement	prix **intéressant** au moment du lancement du produit.
	d'appel	prix **attractif** d'un produit pour amener les consommateurs à acheter aussi d'autres produits (du même magasin, de la même gamme, etc.)

D. NIVEAU DES PRIX

Un prix		
	imbattable, sacrifié, bradé	« *C'est donné* », dit le client.
	avantageux, intéressant, attractif	« *C'est une bonne occasion !* »
	abordable, raisonnable, modéré	« *Ça va, c'est normal !* »
	élevé, excessif, exorbitant	« *C'est le coup de barre !* »

FIXER LE PRIX

EXERCICES

1 Classez du moins cher au plus cher.

☐ Ils proposent des prix très attractifs.
☐ Leurs prix sont exorbitants.
☐ Ils ont des prix imbattables.
☐ Ils ont des prix plutôt modérés.

2 Complétez avec les chiffres suivants :

40 – 236 – 36 – 160

Coût de revient = _____
Marge = _____
TVA (18 %) = _____
Prix TTC = _____

3 Complétez les mentions manquantes.

1. Pour ne pas perdre d'argent, l'entreprise doit vendre au dessus du s_____ de r_____ .
2. Pour déterminer le p_____ d'a_____ d'un produit, on peut demander à un échantillon d'acheteurs quel est le prix qui leur paraît a_____ .
3. Pour réaliser un t_____ de p_____ , on propose le produit à la vente pendant une période déterminée.
4. La grande distribution utilise la technique bien connue des p_____ d'a_____ en attirant les acheteurs par des premiers prix particulièrement i_____ .
5. En général, les prix sont fixés librement par le m_____ , mais les prix de certains produits (timbres-poste, gaz, électricité, etc.) sont a_____ .

4 Commentez le graphique ci-contre.

1. _____
_____
2. _____
_____

Prix
1. sel
2. loisirs
Quantités

COMMUNICATION COMMERCIALE 1

A. PUBLICITÉ PAR LES MÉDIAS

L'entreprise peut **faire de la publicité** (dans un langage familier : **la pub**) en utilisant **les médias de masse.**

La presse	Par exemple, l'entreprise fait **paraître** (publier) une **annonce publicitaire** dans le journal *Le Monde*.
L'affichage	Dans le métro parisien, on voit des **affiches publicitaires** à chaque station.
La radio La télévision	De nombreux **spots publicitaires** passent à la radio et à la télévision.
Le cinéma	Le **film publicitaire** est présenté au début de la séance.
Internet	La publicité **en ligne** (on line) touche des centaines de millions de personnes.

Un annonceur est une entreprise qui veut **faire la publicité d'**un produit.
Une agence de publicité crée des **messages publicitaires** et conçoit **des campagnes publicitaires** (= des **campagnes de publicité**).
Attention ! **La publicité mensongère,** qui donne des informations fausses, est interdite.

B. PUBLICITÉ DIRECTE

La publicité directe (= **le marketing direct**) atteint chaque personne individuellement.
Ex. : **le démarchage téléphonique** = **le phoning** (l'entreprise téléphone directement au consommateur).

L'entreprise peut aussi envoyer **des imprimés** présentant le produit et ses avantages.
Il y a différentes sortes d'imprimés :
– **la lettre de vente** : c'est une simple **lettre publicitaire** ;
– **le dépliant** : c'est une feuille qu'on déplie ;
– **le catalogue** ou **la brochure** : c'est un livret – un petit livre - présentant les produits en détail. Vous pouvez consulter le catalogue de certaines entreprises sur Internet.

L'entreprise peut :
– faire **distribuer** ces imprimés dans les boîtes aux lettres par des **porteurs à domicile**,
– envoyer les imprimés par la poste, en utilisant son **fichier d'adresses** : c'est **le mailing** = **le publipostage** (publicité par la poste).
– envoyer des messages publicitaires par **courrier électronique** (e-mail).

C. PLV

La PLV est **la Publicité sur le Lieu de Vente** (= sur **le point de vente** = dans le magasin).
Le commerçant peut utiliser **une enseigne** (un logo, une inscription sur un panneau), **des affichettes** (petites affiches), **du matériel lumineux et sonore,** etc.

COMMUNICATION COMMERCIALE 1

EXERCICES

1 *Affichage, cinéma, presse, radio, télévision ?*
Complétez les mentions manquantes avec le nom du média qui convient.

1. En ce qui concerne l'investissement publicitaire, la _____ occupe le premier rang, devant les moyens de communication audiovisuels.
2. La _____ s'écoute partout, dans les foyers, dans les voitures, dans la campagne, sur les plages.
3. Une salle de _____ est fréquentée par un public actif et plutôt jeune.
4. La _____ est le média d'un public passif.
5. Une campagne d(e) _____ dans les transports publics peut être un bon moyen de lancer un nouveau produit.

2 Entourez la bonne réponse.

1. Le plus souvent, les |agences de publicité | annonceurs| confient à des |agences de publicité | annonceurs| la réalisation des campagnes publicitaires.
2. Les clients des |agences de publicité | annonceurs| sont les |agences de publicité | annonceurs|.
3. Les pharmacies et les parfumeries utilisent beaucoup |la PLV | le marketing direct|.
4. De grands artistes peintres ont réalisé de belles |affiches | brochures| publicitaires.
5. Certaines entreprises envoient chaque jour des milliers de |courriers | messages| publicitaires par |courrier | message| électronique.

3 Complétez les mentions manquantes.

1. Pour un vendeur, le d_____ t_____ est un bon moyen d'obtenir un rendez-vous avec un client.
2. Le f_____ d'a_____ doit être régulièrement mis à jour, car il faut intégrer les nouveaux noms et éliminer les adresses périmées.
3. Des p_____ à domicile distribuent des d_____ publicitaires dans les boîtes aux lettres.
4. Une entreprise peut être poursuivie en justice pour p_____ m_____ .
5. Un s_____ publicitaire à la radio ne dure généralement pas plus de 30 secondes.
6. La p_____ sur le l_____ de v_____ est un bon moyen de communiquer avec le consommateur sur le point de v_____ .
7. De nombreuses entreprises présentent leurs produits dans un c_____ en l_____ .

COMMUNICATION COMMERCIALE 2

A. PROMOTION DES VENTES

Pour **faire la promotion d**'un produit (= **promouvoir** un produit), c'est-à-dire pour attirer l'attention des consommateurs sur le produit, les entreprises **mettent au point** (organisent) des **campagnes de promotion** (ou **promotionnelles**).

Voici trois exemples d'**opérations promotionnelles** :

Un bon de réduction   Une offre spéciale

Il y a d'autres moyens de faire la promotion d'un produit.
Par exemple, le commerçant peut :
– offrir à ses clients **un essai gratuit** du produit, **sans obligation d'achat** ;
– leur proposer **une carte de fidélité** ;
– leur remettre **un échantillon** (spécimen) du produit pour qu'ils le testent ;
– organiser **un jeu** ou **un concours** avec **un prix** à gagner.

Une démonstration sur le lieu de vente

En tout cas, pour être efficace, **la promotion des ventes** pour un produit doit avoir un caractère exceptionnel : elle doit être relativement rare et de durée limitée.

B. PARRAINAGE

Le parrainage (= **le sponsoring**) consiste à financer une publication, **une émission** (de radio, de télévision) ou une activité sportive (ex. : les jeux olympiques). L'entreprise – **le sponsor** – peut aussi **parrainer** (= **sponsoriser**) un événement culturel (ex. : un concert). En échange, la marque est citée.

C. RELATIONS PUBLIQUES

L'objectif est d'établir et de maintenir de bonnes relations :
– à l'intérieur de l'entreprise (**communication interne**) ;
– avec l'opinion publique (**communication externe**).

Dans cet objectif, l'entreprise peut diffuser des informations sur ses activités sous différentes formes : l'édition d'**un journal d'entreprise** destiné au personnel ou d'**une brochure de prestige, le communiqué de presse, la conférence de presse, la visite d'entreprise, les réceptions**, etc.

COMMUNICATION COMMERCIALE 2

EXERCICES

1 Voici différents moyens de promotion :
Offre spéciale - Essai gratuit - Carte de fidélité - Échantillon - Jeu

Lisez les déclarations suivantes et/ou écoutez.

À quel moyen de promotion se réfère chacune de ces déclarations ?

> La vendeuse m'a offert un petit flacon de parfum.

1. *Échantillon*

> Je peux tester ce matelas pendant 15 jours et le retourner au magasin si je ne suis pas satisfait.

4. _____

> Je connais quelqu'un qui a gagné un voyage de dix jours en Turquie.

2. _____

> Toute la famille peut l'utiliser pour régler ses achats avec des réductions allant jusqu'à 15 %.

5. _____

> Pendant les soldes, on peut acheter des vêtements à moitié prix.

3. _____

2 Vrai ou faux ?

	VRAI	FAUX
1. Les visites d'entreprise sont un moyen de développer les relations publiques.	☐	☐
2. Le journal d'entreprise est un outil de communication interne.	☐	☐
3. Pour réussir, les opérations promotionnelles concernant un produit doivent être fréquentes et durer longtemps.	☐	☐
4. Comme la publicité, les relations publiques peuvent utiliser les mass média.	☐	☐
5. Le parrainage est le meilleur moyen de faire connaître une nouvelle marque.	☐	☐

3 La société Yves Viton vend des articles de maroquinerie. Ces articles sont des produits de luxe connus dans le monde entier. Le directeur du marketing souhaite organiser une action de parrainage.

■ Parmi les événements suivants, lequel lui conseillez-vous de parrainer ?

La coupe du monde de football - Un jeu télévisé - Le championnat du monde de golf

■ Pourquoi ?

_____
_____

cent trois • 103

48 MANIFESTATIONS COMMERCIALES

A. FOIRES, SALONS, EXPOSITIONS

Les entreprises **participent à** une foire ou à un salon dans le but de faire connaître leurs produits.

Une foire est **une manifestation commerciale** où les entreprises **présentent** leurs produits à des **acheteurs professionnels** ou au public.

Un salon est une foire limitée à un type de produit ou d'activité. Ex. : le Salon du livre, le Salon de l'automobile, le Salon de l'informatique, etc.

Une exposition universelle est une grande manifestation destinée à présenter le degré d'évolution industrielle et scientifique d'un ou de plusieurs pays.

Salon de l'automobile

B. COMMENT PARTICIPER

Françoise Le Guellec a créé Micado, une entreprise qui fabrique des jeux de société. Elle parle du Salon du jouet de Paris :

« Le Salon du jouet de Paris est le grand rendez-vous annuel des professionnels du jouet. Nous y participons tous les ans. La première année, **les organisateurs** proposaient pour la première fois **un concours** réservé aux jeunes **créateurs d'entreprise**. Nous avons concouru et avons gagné **un stand** de 6 m^2 (**mètres carrés**) pour le salon de l'année suivante.

Aujourd'hui, nous **louons** un stand de 9 m^2. C'est **une surface** suffisante pour nous. **La location** du stand coûte 4 000 euros. Il faut ajouter 5 000 euros pour **l'installation** et **l'aménagement** du stand, le transport des produits que **nous exposons**, etc.

Pendant le salon, nous rencontrons des clients prestigieux venus du monde entier. À chaque salon, nous **plaçons des commandes** (nous vendons). »

C. TROUVER SON CHEMIN

Au Salon du jouet, **une hôtesse** accueille **un visiteur** :

Hôtesse d'accueil : Dans cette **pochette**, vous avez **un plan du salon** et la liste **des exposants** (les entreprises qui exposent).
Visiteur : Ah très bien ! Savez-vous où se trouvent les jeux de société ?
Hôtesse d'accueil : Dans **le hall** 2. Vous **prenez l'allée** C, vous continuez jusqu'**au bout** (= jusqu'à la fin) et vous tournez à gauche. Vous verrez, les jeux de société se trouvent un peu plus loin, sur votre droite.

MANIFESTATIONS COMMERCIALES

EXERCICES

1. Un organisateur du Salon du jouet répond aux questions d'un chef d'entreprise. Complétez les mentions manquantes du dialogue. Puis écoutez pour vérifier.

– Qu'est-ce que je dois faire pour p_____ au salon ?

– Vous devez l_____ un stand.

– Combien coûte la l_____ ?

– Ça dépend de la s_____. Un stand de 9 mètres c_____, par exemple, coûte 4 000 euros. De plus, vous devez vous occuper de l'i_____ et de l'a_____ de votre stand.

– Tout cela coûte cher. Est-ce que ça vaut la peine de dépenser autant d'argent ?

– Oui, parce que notre salon est un bon moyen de p_____ vos produits au public ainsi qu'à des a_____ professionnels. Chaque année, nous réunissons près d'un millier d'e_____ et nous accueillons environ 50 000 v_____.

2. Vrai ou faux ?

	VRAI	FAUX
1. Les foires et les salons sont tous deux des manifestations commerciales.	☐	☐
2. Dans un salon professionnel, les visiteurs ont souvent la possibilité de placer des commandes.	☐	☐
3. Un pays participe à une exposition universelle dans l'objectif de vendre ses produits à des commerçants venus du monde entier.	☐	☐
4. Les exposants remettent généralement aux visiteurs une pochette contenant un plan du salon et divers autres documents.	☐	☐
5. Dans un salon professionnel, les jeunes créateurs d'entreprise ont toujours la possibilité de participer à un concours.	☐	☐

3. Vous travaillez à l'accueil d'un salon. Un visiteur veut se rendre sur le stand Ixtel. Renseignez-le à l'aide du plan ci-contre.

VISITEUR : Pouvez-vous me dire où se trouve le stand Ixtel ?

VOUS : C'est très simple. _____
_____
_____
_____

COMMERCES

A. GRANDES SURFACES ET CENTRES COMMERCIAUX

Une grande surface dispose d'**une surface de vente** d'au moins 400 m^2.
Voici trois types de grandes surfaces :

Le grand magasin	Les produits sont regroupés par **rayons** (rayon vêtements, parfumerie, ameublement, bricolage, etc.), sous la responsabilité d'**un chef de rayon**. Ex. : Les Galeries Lafayette, à Paris.
Le supermarché	Il vend principalement des **produits alimentaires** et des **produits d'entretien** (pour la maison) sur une surface de 400 m^2 à 2 500 m^2.
L'hypermarché	Il vend des produits divers sur une surface supérieure à 2 500 m^2.

Un centre commercial regroupe, généralement autour d'une grande surface, de petites **boutiques** indépendantes vendant des produits divers.

B. PETITS COMMERCES ET PETITS COMMERÇANTS

En France, vous pouvez **faire vos courses** (= vos achats) chez **les petits commerçants**. *Chez* **un épicier** ou *dans* **une épicerie**, vous pouvez acheter toutes sortes de produits d'alimentation générale. Chez **un boulanger** ou dans **une boulangerie**, vous pouvez acheter du pain, etc.

Il est impossible de citer ici tous les petits commerçants. Voici les principaux :

■ LE PETIT COMMERCE ALIMENTAIRE : **un poissonnier/une poissonnerie** (poisson), **un boucher/une boucherie** (viande), **un marchand de fruits et légumes**, **un pâtissier/une pâtisserie** (gâteaux), **un fromager/une fromagerie** (fromage), **un charcutier/une charcuterie** (viande de porc).

■ LE PETIT COMMERCE NON ALIMENTAIRE : **un bijoutier/une bijouterie** (bijoux), **un marchand de journaux**, **un libraire/une librairie** (livres), **une boutique de vêtements**, **un fleuriste** (fleurs), **un pharmacien/une pharmacie** (médicaments), **une papeterie** (papier, stylos, enveloppes), **une parfumerie** (parfums), **un marchand de chaussures**, **un coiffeur/un salon de coiffure** (coupe de cheveux), **un teinturier/une teinturerie/ un pressing** (nettoyage des vêtements).

C. COMMERCE FRANCHISÉ

Une entreprise, appelée **le franchiseur**, vend à un commerçant indépendant, appelé le **franchisé**, le droit d'utiliser sa marque et **son savoir-faire** (= **know-how**). Le franchisé paye périodiquement **une redevance** (un pourcentage de son chiffre d'affaires) au franchiseur. Par exemple, les restaurants appartenant à **une chaîne**, comme Mac Donald, sont souvent **franchisés**.

Le contrat de franchisage entre le franchisé et le franchiseur peut aussi s'appeler **contrat de franchise** ou **contrat de franchising.** Généralement, il prévoit **une assistance** (aide) administrative, commerciale, ou technique du franchiseur au franchisé.

COMMERCES

EXERCICES

1 Complétez les phrases avec le nom d'un petit commerce ou d'un petit commerçant.

1. On achète des livres dans _____ .
2. Je dois récupérer ma veste chez le _____ .
3. En bas de la rue, il y a une _____ qui fait des super gâteaux.
4. J'ai acheté ces chaussures chez _____ qui se trouve à côté de la pharmacie.
5. Il se coupe les cheveux lui-même. Il refuse d'aller _____ .
6. J'ai acheté des enveloppes _____ .

2 Vrai ou faux ?

	VRAI	FAUX
1. Les grands magasins vendent surtout des produits alimentaires.	☐	☐
2. Dans un grand magasin, en principe, il y a un rayon parfumerie.	☐	☐
3. Un centre commercial est une grande surface.	☐	☐
4. On peut acheter des produits d'entretien dans un grand magasin.	☐	☐
5. Les deux parties au contrat de franchise sont le franchisé et le franchiseur.	☐	☐
6. Le franchiseur doit payer une redevance au franchisé.	☐	☐

3 Mots croisés.

Horizontalement

1. Elle est apportée par le franchiseur et elle peut être administrative, commerciale ou technique.
2. On peut les faire dans une grande surface aussi bien que chez un petit commerçant.

Verticalement

a. Elle se mesure en mètres carrés.
b. Il vend toutes sortes de produits d'alimentation.
c. Dans un centre commercial, elles se regroupent souvent autour d'une grande surface.
d. Elle rassemble sous un même nom des hôtels, des restaurants, des entreprises commerciales, etc.
e. Il est responsable d'un rayon dans un grand magasin.

ENTRETIEN DE VENTE 1

A. ACCUEILLIR

Rémi Soulier, 52 ans, est un **vendeur expérimenté**. Durant sa longue carrière, il a tout vendu : des vêtements, des machines à laver, des séjours touristiques, des bicyclettes, etc. Il connaît bien **les techniques de vente**.

« J'**accueille** toujours le client avec le sourire, je le regarde **dans les yeux**, je suis ouvert, **détendu** (relax), **disponible** (pas occupé) pour écouter. », explique-t-il, pour parler du premier **contact** avec le client. »

B. QUESTIONNER

Rémi Soulier : « Pour découvrir les **besoins** des clients, je commence par **poser des questions**. Par exemple, voyez dans les deux extraits d'entretiens suivants le type de questions que je pose au client. »

Entretien 1		Entretien 2	
– R. Soulier :	**Qu'attendez-vous de** vos vacances ?	– Client :	Je n'aime pas beaucoup cette couleur.
– Client :	Je veux rester au soleil et ne rien faire.	– R. Soulier :	**Ah bon, mais pourquoi ?**
– R. Soulier :	**Vous avez certainement un budget ?**	– Client :	Eh bien, je trouve ça un peu triste.
– Client :	Je ne voudrais pas dépenser plus de 400 euros.	– R. Soulier :	**C'est-à-dire ?**
		– Client :	J'aimerais une couleur plus vive.

C. ARGUMENTER

Rémi Soulier : « Une fois que j'ai compris les besoins du client, je présente les **caractéristiques techniques** et les **avantages du produit**. »

Les phrases suivantes ont été prononcées par Rémi Soulier à certains moments de sa carrière.

- **Je peux vous proposer** ce modèle.
- Ce vêtement est **unique**.
- C'est un tout **nouveau** modèle.
- Regardez, la forme est tout à fait **originale**.
- Prenez celui-là, il est **parfait**.
- Cette machine à laver est très **économique**.
- C'est un appareil extrêmement **fiable** (= il fonctionne très bien).
- Le prix est très **intéressant**.
- Vous avez là un outil **simple** et **pratique**.
- Avec l'assurance voyage, **vous êtes tranquille**.
- Cette robe vous **va à merveille** (très bien).

ENTRETIEN DE VENTE 1

EXERCICES

1 Qu'est-ce qu'un bon vendeur ? Complétez les mentions manquantes avec les mots suivants :
communicatif - curieux - attentif - débrouillard - discret - disponible - optimiste - organisé - patient - ponctuel

1. Il sait écouter les autres : il est ***attentif***.
2. Il ne parle pas de ses problèmes personnels à n'importe qui : il est _____ .
3. Il s'intéresse à tout : il est _____ .
4. Quand il se trouve dans une queue, il attend calmement, sans s'énerver : il est _____ .
5. Il sait où trouver les meilleurs produits au meilleur prix : il est _____ .
6. Il voit la vie du bon côté : il est _____ .
7. Il ne fait pas les choses à la dernière minute : il est _____ .
8. Il arrive à l'heure à ses rendez-vous : il est _____ .
9. Il a du temps à vous consacrer : il est _____ .
10. Il aime discuter, il a le contact facile : il est _____ .

2 Mettez-vous à la place du vendeur et trouvez la bonne réponse. Puis écoutez pour vérifier.

■ *Le client dit :*

1. Est-il possible de recevoir ce meuble rapidement ?
   ⇒ **b**
2. Je voyage beaucoup, il faut que ce soit facile à porter, et surtout pas trop lourd.
   ⇒ …
3. Je cherche quelque chose de résistant, vous voyez, quelque chose qui dure.
   ⇒ …
4. J'ai un budget limité, je ne veux pas dépenser une fortune là-dedans.
   ⇒ …
5. Je ne suis pas très doué, je ne comprends rien à la technique.
   ⇒ …
6. Il ne faudrait pas que ce soit trop banal, est-ce que vous avez un modèle qui sort de l'ordinaire ?
   ⇒ …
7. Je voudrais changer d'appareil, celui que j'ai est un peu démodé.
   ⇒ …

■ *Le vendeur répond :*

a. Ce robot est très simple à utiliser. Je vous explique.
b. C'est très simple, il est à vous à partir de maintenant.
c. Tenez, essayez celui-là, il est très léger.
d. Le prix de cet article est particulièrement intéressant.
e. Nous venons de recevoir un tout nouveau modèle.
f. Avec ce produit, vous êtes tranquille pendant dix ans.
g. Je peux vous proposer quelque chose de très original.

ENTRETIEN DE VENTE 2

A. TRAITER LES OBJECTIONS

Rémi Soulier, vendeur d'élite, explique comment il répond aux **objections** (contestations) des clients :

« Après une objection, je continue l'entretien sur un ton positif. Les objections sont normales et même utiles. Elles montrent que le client est intéressé et elles apportent des indications sur ses besoins. Il y a plusieurs manières de **traiter les objections**. »

D'après Rémi Soulier, le vendeur doit toujours accepter l'objection du client.
Par exemple :
– Client : Mais, dites-moi, est-ce qu'il y a des possibilités de crédit ?
– R. Soulier : **Vous avez raison de poser cette question.**

Le vendeur doit savoir aussi **reformuler** les objections. Par exemple :
– Client *(inquiet)* : Ça a l'air compliqué.
– R. Soulier : **Si je comprends bien,** vous avez peur que ce soit difficile à utiliser.

Le vendeur est souvent amené à demander des précisions au client. Comme dans ces quatre extraits d'entretiens :

■ *Extrait 1* – Client : Votre offre n'est pas très intéressante. – Vendeur : **Qu'entendez-vous par là ?**	■ *Extrait 3* – Client : C'est trop cher. – Vendeur : Cela vous paraît cher **par rapport à quoi ?**
■ *Extrait 2* – Client : Écoutez, je crois que je vais réfléchir. – Vendeur : Bien sûr, **à quoi voulez-vous réfléchir ?**	■ *Extrait 4* – Client : Je ne comprends pas pourquoi c'est si cher ? – Vendeur : **D'après vous ?**

B. CONCLURE

Rémi Soulier emploie fréquemment les phrases suivantes pour passer à la dernière étape de l'entretien : **la conclusion de la vente**.

- **À part ce point, tout est clair ?**
- Vous préférez **donc** ce modèle, **c'est bien ça ?**
- Alors, je crois que le modèle vous plaît… **On y va ?**
- **Comment voulez-vous payer ?**
- **C'est madame ou monsieur qui signe en premier ?**

Si le client refuse obstinément d'acheter, Rémi Soulier essaye parfois une ultime **tactique**.

Rémi Soulier : « Écoutez, madame, je ne comprends pas : le produit vous **convient**, **nous sommes d'accord sur** le prix, voilà deux heures que nous discutons… Alors, dites-moi, franchement, est-ce que j'ai été maladroit, expliquez-moi ce que j'ai fait de mal, **rendez-moi ce service**, s'il vous plaît, quel est le problème… »

ENTRETIEN DE VENTE 2

EXERCICES

1 🎧 37 Lisez les déclarations suivantes et/ou écoutez. Qui prononce ces phrases ? Le client ou le vendeur ?

	CLIENT	VENDEUR
1. Vous allez me dire que ce modèle n'est pas très grand, mais je vous rassure tout de suite…	☐	☐
2. Votre concurrent est moins cher.	☐	☐
3. C'est très simple, je peux vous renseigner.	☐	☐
4. Laissez-moi votre documentation, je l'étudierai plus tard.	☐	☐
5. Les affaires sont dures en ce moment, je n'ai pas d'argent.	☐	☐
6. Si je comprends bien, c'est le prix qui vous préoccupe.	☐	☐
7. Pour quelles raisons n'êtes-vous pas intéressé ?	☐	☐
8. Cette marque n'a pas très bonne réputation.	☐	☐

2 🎧 38 Voici des extraits de quatre entretiens de vente. Les répliques sont dans le désordre. Mettez-les dans l'ordre. Puis écoutez pour vérifier.

■ *Entretien 1*
☐ Une amie l'a acheté et c'est ce qu'elle m'a dit.
☒ C'est très fragile, ça casse facilement. (1)
☐ Qu'est-ce qui vous fait dire ça ?
☐ Euh… Il n'y a pas mal de temps qu'elle l'a.
☐ Elle a acheté ce tout nouveau modèle ou un modèle plus ancien ?

■ *Entretien 2*
☐ Cette voiture n'est pas très pratique.
☐ Rassurez-vous, elle existe en quatre portes.
☐ Oui, elle n'a que deux portes.
☐ Pas pratique ?

■ *Entretien 3*
☐ Ah bon, mais pourquoi ?
☐ À part le prix, elle vous plaît ?
☐ Elle est trop chère.
☐ Cette moto ne m'intéresse pas.

■ *Entretien 4*
☐ Ce qui vous fait hésiter, c'est le rouge, n'est-ce pas ?
☐ Je n'aime pas beaucoup la couleur.
☐ Oui.
☐ Eh bien, je peux vous proposer sept couleurs différentes.

52 COMMERCE ÉLECTRONIQUE

A. INTERNET

Un internaute	C'est un utilisateur du **réseau** Internet. Certains internautes passent des heures chaque jour à **naviguer** (= **surfer**) sur Internet. Le mot « internaute » vient d'Internet et du mot grec « nautês », qui signifie navigateur.
Un fournisseur d'accès	Le fournisseur d'accès (= **le provider**) vous permet d'**accéder** (= **de vous connecter**) au réseau. Chaque mois vous pouvez payer **un forfait** (un prix fixe) pour une durée de **connexion** illimitée.
Un navigateur	C'est **le logiciel** (= **le software**) qui vous permet d'**explorer** le Web. Le navigateur le plus répandu est *Internet Explorer*, de Microsoft.
Un moteur de recherche	Il recherche des **sites** correspondant au **mot-clé** que vous avez **tapé**.

B. INTRANET

Intranet est un réseau fermé, interne à une organisation (une entreprise, une administration, etc.). Il possède toutes les caractéristiques de l'Internet :
– **un serveur** pour **stocker** les **données** (informations) ;
– **une messagerie** pour envoyer et recevoir le courrier électronique (e-mail) ;
– des forums, etc.
Mais, à la différence d'Internet, **son accès** est protégé.

Un fournisseur d'accès

C. B2B ET B2C

Le **commerce électronique** concerne l'achat et la vente de produits ou de services sur Internet. Les transactions peuvent s'effectuer :
– entre deux entreprises : c'est **le B2B** (*business to business*) ;
– ou entre une entreprise et un consommateur : c'est **le B2C** (*business to consumer*).

L'achat en ligne est très simple : vous allez sur **le site** qui vous intéresse. Vous consultez **le catalogue électronique**, vous choisissez les **articles**, vous les mettez dans votre **panier**, vous payez. Quelques jours plus tard, vous recevez vos articles. Pratique, n'est-ce pas ?

COMMERCE ÉLECTRONIQUE

EXERCICES

1 Vous pouvez voir les inscriptions suivantes sur l'écran d'un ordinateur. Dites si elles concernent *un fournisseur d'accès, un navigateur, un moteur de recherche, une messagerie, un site de commerce électronique*.

1. _____

   Chercher

4. _____

   JUSQU'À 40 % DE RÉDUCTION SUR VOTRE LOCATION DE VOITURE. NOUS VOUS REMBOURSONS LA DIFFÉRENCE + 10 EUROS SI VOUS TROUVEZ MOINS CHER.

2. _____

   • Lire les messages   • Écrire un message
   • Messages envoyés   • Brouillons

3. _____

   Pour optimiser votre forfait ou pour surfer en toute tranquilité, découvrez nos offres anti-virus et contrôle parental

5. _____

2 B2B ou B2C ?

	B2B	B2C
1. Une traductrice propose ses services aux entreprises financières.	☐	☐
2. Des grossistes de produits pharmaceutiques sont reliés à leurs fournisseurs sur un marché électronique.	☐	☐
3. Un hypermarché propose sur son site des ordinateurs à des « prix fous ».	☐	☐
4. Une agence de voyage propose aux jeunes mariés des séjours « lune de miel ».	☐	☐

3 Claire est une passionnée d'Internet. Complétez son témoignage. Puis écoutez pour vérifier.

Claire, i_____ passionnée : « Tous les jours, je s_____ des heures et des heures sur le web. Dès que je me lève le matin, je me c_____ à Internet. Ce que je fais ? Des achats. J'adore consulter les c_____ des grands magasins et acheter en l_____ . C'est très facile, trop facile : il suffit de placer les a_____ dans le p_____ , clic, clic, et de payer avec sa carte bancaire. Je dépense beaucoup d'argent comme ça, mais heureusement, je paye seulement un f_____ de 10 euros par mois à mon f_____ d'accès pour une durée de c_____ illimitée. »

cent treize • 113

53 COMMANDE ET LIVRAISON

A. BON DE COMMANDE

Pour acheter un livre comme celui que vous êtes en train de lire, vous pouvez vous rendre dans une librairie traditionnelle. Vous pouvez aussi **commander** ce livre (= **passer commande de** ce livre) sur Internet, en vous connectant à une librairie **en ligne**. Pour cela, vous devez remplir **un formulaire**, qui s'appelle **un bon de commande**.

Sur ce bon de commande, vous indiquez :
– vos nom et prénom, votre adresse électronique (e-mail),
– les **références** de l'article,
– l'adresse de **livraison** : l'adresse où vous souhaitez qu'on vous **livre** l'article,
– l'adresse de **facturation** : l'adresse où vous souhaitez qu'on vous envoie **la facture**,
– le numéro et **la date d'expiration** (fin) de votre carte bancaire.

Une fois qu'il a reçu votre commande, **le fournisseur** (le vendeur) vous **expédie** (= **envoie**) l'article commandé **dans les meilleurs délais**, c'est-à-dire aussi rapidement que possible.

B. PROBLÈMES DE LIVRAISON

Un client peut **adresser une réclamation** au fournisseur dans les cas suivants :

Retard de livraison	**La marchandise** est livrée avec retard.
Marchandise non conforme	La marchandise n'est pas conforme à la commande.
Marchandise en mauvais état	Les articles sont en mauvais état.
Livraison incomplète	Il manque des articles.

Le client peut **faire une réclamation** par téléphone. Il peut aussi envoyer un e-mail ou **une lettre de réclamation**. Voici, par exemple, un e-mail de réclamation pour retard de livraison :

De : Sophie Hamelin
A : Livredor
Objet : retard de livraison

Bonjour,
Le 3 mars dernier, je vous ai commandé le livre « Le choc des cultures », **référencé** sous le numéro 212980. D'après vos **conditions de vente**, les **délais de livraison** sont de trois jours. **Or**, nous sommes le 15 mars et je n'ai toujours pas **reçu** cet article. **Je vous prie donc de faire le nécessaire** pour me l'envoyer dans les meilleurs délais.
Merci par avance.
Bien cordialement.
Sophie Hamelin

COMMANDE ET LIVRAISON

EXERCICES

1 *Marchandise non conforme, en mauvais état, livraison incomplète, retard de livraison ?*
Lisez les phrases suivantes, extraites de différents courriers de réclamation, et dites quel est le problème.

> *La quantité reçue est insuffisante*

1. ─────────────────────

> *En déballant la marchandise, nous avons constaté que 23 assiettes étaient cassées.*

4. ─────────────────────

> Malgré nos appels téléphoniques, les articles ne nous sont toujours pas parvenus.

2. ─────────────────────

> *J'ai reçu un aspirateur Tornado 430 alors que j'avais commandé un Tornado 500.*

5. ─────────────────────

> *La qualité du tissu n'est pas de même qualité que celle que nous recevons habituellement.*

3. ─────────────────────

> Après vérification, nous avons constaté qu'il manquait deux caisses de petits pois.

6. ─────────────────────

2 Un vendeur demande des renseignements à un client. Complétez les mentions manquantes.

> Pouvez-vous me communiquer la d_____ d'e_____ de votre carte bancaire ?

> À quelle adresse doit-on vous l_____ ?

> Peut-on vous adresser la f_____ à la même adresse ?

3 Complétez les mentions manquantes du courrier de réclamation ci-dessous. Plusieurs solutions sont possibles.

Objet : ma_____ n° 546 du 12 avril

Messieurs,

J'ai bien _____ ce jour le téléphone portable faisant l'objet de ma commande _____ ci-dessus.

_____, en procédant au déballage, j'ai constaté que cet article n'était pas _____ à celui que j'ai _____.

En effet, il m'a été _____ un téléphone Sony G67 au lieu d'un Sony V87.

Je vous _____ donc de m'_____ le Sony V87 dans les _____. Je vous retournerai aussitôt le Sony G67.

Je vous en remercie _____ _____.

_____ .

cent quinze • 115

CONDITIONS DE PAIEMENT

A. MOYENS DE PAIEMENT

Au moment de payer dans un magasin, le vendeur vous demande : « Comment souhaitez-vous payer ? ». Vous pouvez répondre : **en espèces** (ou **en liquide**), **par carte**, **par chèque**.
Il existe en effet différents **moyens de paiement** (= façons de payer).

Si vous **réglez** (= payez) par carte, vous pouvez utiliser :
– **une carte bancaire** (= carte de débit) : votre **compte bancaire** est immédiatement **débité** de la somme payée (= la somme est portée au débit du compte) ;
– **une carte de crédit** : votre compte est débité plus tard.

B. DÉLAIS DE PAIEMENT

Vous pouvez payer :
– **au comptant** : c'est-à-dire immédiatement ;
– **à terme** : c'est-à-dire après **un** certain **délai**.
Parfois, on paye une partie du prix au comptant, et **le solde** (le reste) à terme.

Dans certains magasins, vous trouvez cette inscription : | *La maison ne fait pas crédit* |

Cela veut dire que vous devez payer au comptant. Vous ne pouvez pas **acheter à crédit**.

C. TRANSPORT

Souvent, la marchandise commandée doit être **transportée** par **un transporteur** (transporteur routier, compagnie de chemin de fer, la Poste, etc.). **Le transport** est payé soit par **l'expéditeur** (le vendeur) soit par **le destinataire** (l'acheteur).

Pour désigner le prix du transport, on parle des **frais de transport** ou des **frais de port**. On peut aussi dire simplement « **le port** ».

Il arrive que le port soit **compris** (= **inclus**) dans le prix du produit. Dans ce cas, on parle d'une marchandise expédiée (envoyée) **franco de port** = sans frais de transport pour le destinataire. Par exemple, une marchandise expédiée **franco Montréal** signifie que le vendeur **prend en charge** les frais et les risques de **l'expédition** jusqu'à Montréal.

D. RÉDUCTIONS

Lorsque le fournisseur **accorde une réduction de prix** à son client, on dit que le client **obtient** une réduction ou qu'il **bénéficie d'**une réduction. Il y a quatre types de réduction.

Le client peut obtenir :
– **un escompte** :   dans le cas où il paie au comptant ;
– **un rabais** :   en cas de problème dû au fournisseur : par exemple, le produit présente un défaut, ou la livraison a lieu avec retard ;
– **une remise** :   parce que c'est un client particulier - par exemple, il travaille dans l'entreprise, ou parce qu'il passe une commande importante ;
– **une ristourne** :   parce que c'est un client fidèle. Pour le remercier, le fournisseur lui accorde une ristourne, calculée sur le montant des factures de l'année.

CONDITIONS DE PAIEMENT

EXERCICES

1 *Escompte, rabais, remise* ou *ristourne* ?
Dans chacun des cas suivants, dites de quel type de réduction il s'agit.

1. La marchandise livrée n'est pas conforme à la commande. Toutefois, le client accepte de la conserver à condition d'obtenir un _____
2. La société Renaudin accorde un _____ de 3 % pour tout règlement au comptant.
3. Pour toute commande supérieure à 2000 euros, vous bénéficiez d'une _____ de 10 %.
4. La société Renaudin accorde une _____ à ses principaux clients sur l'ensemble de leurs achats de l'année.

2 Vrai ou faux ?

	VRAI	FAUX
1. Payer en espèces = payer en liquide.	☐	☐
2. La carte bancaire est un délai de paiement.	☐	☐
3. Payer au comptant = payer en espèces.	☐	☐
4. Faire crédit = acheter à crédit.	☐	☐
5. La carte de crédit est un moyen de paiement à terme.	☐	☐
6. Les frais de port = les frais de transport = le prix du transport.	☐	☐
7. La marchandise est expédiée franco Amsterdam = l'expéditeur paye le port jusqu'à Amsterdam.	☐	☐
8. Il peut arriver que l'expéditeur soit aussi le transporteur.	☐	☐
9. Il peut arriver que l'expéditeur soit le client.	☐	☐
10. Entre professionnels, le client accorde souvent une réduction au fournisseur.	☐	☐

3 Complétez les mentions manquantes avec les mots suivants :
charge - commande - livraison - règlement - solde - transport.

Conditions de vente (extraits)

_____ : 20 % à la _____

le _____ à la _____

_____ : par route et à notre _____ .

cent dix-sept • 117

ACHAT ET VENTE

55 SE FAIRE PAYER

A. FACTURATION

Amélie Petit travaille pour un fabricant de meubles, au **service** *facturation*. C'est elle qui **établit** (= fait) les factures. Voici l'extrait d'une facture qu'elle s'apprête à envoyer à un client :

FACTURE N° 907

Réf.	Désignation	PU HT	Quantité	Montant
105	Bureau micro-informatique Indy	54	8	432
098	Fauteuil de bureau Scola	66	6	396
206	Étagère d'angle hêtre	37	5	185
			Total HT TVA 19, 6 % Total TTC	1 013 198,54 1 211,54
			Net à payer	1 211,54

Amélie Petit explique certaines mentions qu'elle vient de porter (inscrire) sur la facture :

« Comme chacun de nos articles est **référencé** sous un numéro, j'inscris dans la première colonne **la référence** (ou **le numéro de référence**) des articles. Dans la deuxième colonne, je fais une brève description des articles que je dois **facturer**. Le PU HT est le **prix unitaire** (à l'unité) **hors taxe**.

Pour obtenir **le prix TTC** (toutes taxes comprises), je dois ajouter **la TVA (taxe à la valeur ajoutée)**. **Le taux de TVA** est actuellement de 19,6 % (dix-neuf virgule six pour cent). Finalement, le « **net à payer** » est **le montant** que le client doit payer. »

B. RAPPEL DE PAIEMENT

Amélie Petit parle des clients de l'entreprise :
« La plupart des clients paient à 30 ou à 60 jours à compter de **la réception** de la facture. Malheureusement, ils ne respectent pas toujours les délais de paiement. Souvent, je dois envoyer **une lettre de rappel** aux **mauvais payeurs** ».

Voici des phrases extraites de différentes lettres de rappel :

Je me réfère à notre lettre du 3 mars vous demandant de **régler la facture** n° 907 du 8 octobre.

Malgré notre lettre de rappel du 17 avril nous **constatons** que notre facture n° 878 du 2 mars **est restée impayée**.

Nous vous serions reconnaissants de nous **faire parvenir** (envoyer) votre **règlement** (paiement) **sous huitaine** (dans les huit jours).

SE FAIRE PAYER

EXERCICES

1 Un client a commandé 3 chaises en hêtre et 4 tableaux aimantés. À l'aide de l'extrait de la liste de prix ci-dessous, établissez la facture n° 908.

FACTURE N° 908

Réf.	Désignation	PU HT	Quantité	Montant
____	_____	_____	_____	_____
____	_____	_____	_____	_____

Liste de prix

Réf.	Désignation	Prix HT
015	Chaise hêtre	20
098	Fauteuil Scola	66
112	Tableau aimanté	10

- Total HT _____
- TVA 10 % _____
- Total TTC _____
- Net à payer _____

---

2 Complétez les mentions manquantes des lettres suivantes.

LETTRE 1

Bruxelles, le 3 mars 2010

Madame, Monsieur,

Nous avons bien reçu votre f_____ n° 908 du 8 octobre, concernant notre commande du 25 septembre 2010.

Après vérification, nous c_____ que vous nous avez f_____ les chaises en hêtre r_____ sous le numéro 015 au prix u_____ de 23 euros alors que votre l_____ de prix indique un prix de 20 euros.

Vous voudrez donc bien nous faire p_____ une facture rectificative.

Veuillez recevoir, Madame, Monsieur, nos salutations distinguées.

LETTRE 2

Monsieur,

Nous vous adressons ci-joint copie de notre f_____ n° 907 du 8 octobre, d'un m_____ de 1 032,85 euros, payable dès r_____.

Malgré nos deux lettres de r_____ du 25 octobre et du 8 novembre, cette facture est r_____ i_____.

Vous voudrez donc bien nous r_____ cette somme sous h_____.

Nous restons dans l'attente de votre r_____ et vous prions de recevoir, M_____, nos salutations dévouées.

Mathilde GUILLARD
Service f_____

cent dix-neuf • 119

56 EXPORTER

A. SE LANCER DANS L'EXPORTATION

Politex est une entreprise textile française. Michel Jeantin, le P-DG, explique comment Politex est devenue une entreprise **exportatrice** :

« Il y a vingt ans, toute notre production était vendue sur **le marché national**. Nous n'**exportions** rien. Aujourd'hui, 70 % de nos ventes sont réalisées **à l'étranger.**

Exporter ne s'improvise pas. À l'étranger, **les modes de vie** et **les habitudes de consommation** sont différents, et il faut être prudent. Nous avons embauché un **cadre export** qui est très **expérimenté** et qui maîtrise plusieurs langues étrangères.

En ce qui concerne la production, **nous nous sommes internationalisés** aussi. Auparavant, tous nos produits étaient fabriqués dans le nord de la France. Mais **la main-d'œuvre** en France est trop chère et nous avons dû **délocaliser** une partie de notre production. Aujourd'hui, nous produisons en Asie. »

B. BALANCE COMMERCIALE

La balance commerciale récapitule (résume) **les exportations** (ventes) et **les importations** (achats) de marchandises d'un pays avec les autres pays.

Quand les exportations d'un pays sont supérieures aux importations, il y a **un excédent**, on dit que la balance est **excédentaire**. Dans le cas contraire, on parle d'**un déficit** et d'une **balance déficitaire**.

C. PROTECTIONNISME ET LIBRE-ÉCHANGE

La douane est une administration qui contrôle les échanges aux frontières et qui perçoit **les droits de douane**.

Les droits de douane sont des taxes que **l'importateur** (le vendeur) doit payer au moment de l'entrée de la marchandise dans un pays. Quand un pays veut protéger son industrie contre la concurrence étrangère, il **instaure** (crée) des droits de douane élevés.

Un pays dispose d'autres moyens pour se protéger. Par exemple, il peut **mettre en place** :
– des **quotas** (= **contingentements**), c'est-à-dire limiter la quantité de marchandises **importées** ;
– des **procédures** (règles, formalités) **administratives** complexes qui découragent **les exportateurs** étrangers ;
– des **normes techniques** sévères supposées garantir la sécurité des consommateurs, etc.

Un pays qui se protège est un pays **protectionniste**. On parle de **protectionnisme**. Au contraire, **le libre-échange** est un système dans lequel les **échanges commerciaux** sont libres. De nombreux pays passent des **accords de libre-échange** dans le but de favoriser **le commerce international**.

EXPORTER

EXERCICES

1 🎧 40 Les questions suivantes sont extraites d'une interview avec le dirigeant d'une entreprise exportatrice. Pour chaque question, retrouvez la réponse. Puis écoutez pour vérifier.

1. Pourquoi avez-vous embauché un cadre export ?
   ⇒ **c**
2. Pourquoi exportez-vous ? ⇒ …
3. Pourquoi vous paraît-il plus difficile de vendre à l'étranger que chez soi ? ⇒ …
4. Pourquoi avez-vous délocalisé votre production ? ⇒ …
5. Pourquoi avez-vous réussi à vendre dans des pays si différents ? ⇒ …

a. Parce que nous avons su nous adapter à toutes sortes de marchés.
b. Parce que le marché est différent : autre mode de vie, autres habitudes de consommation, etc.
c. Parce que l'exportation ne s'improvise pas.
d. Parce que le marché national a ses limites.
e. Parce qu'ici le coût de la main-d'œuvre est trop élevé.

2 Complétez les mentions manquantes.

1. Quand dans un pays les exportations sont inférieures aux i_____ , on dit que la b_____ c_____ est d_____ . Dans le cas contraire, on dit qu'elle est e_____ .
2. Pour protéger l'industrie nationale, un pays peut prendre des mesures p_____ . Il peut, par exemple, mettre en place des p_____ administratives complexes, de façon à décourager les entreprises e_____ d'autres pays d'e_____ sur son territoire.
3. En principe, un pays favorable au libre-é_____ supprime les c_____ , baisse les d_____ de d_____ , assouplit les n_____ techniques.

3 Protectionnisme ou libre-échange ?

	PROTECTIONNISME	LIBRE-ÉCHANGE
1. Il protège les industries naissantes.	☒	☐
2. Il stimule la concurrence.	☐	☐
3. Il favorise la baisse des prix.	☐	☐
4. Il protège du dumping social.	☐	☐
5. Il apporte une diversification de l'offre.	☐	☐
6. Il oblige les entreprises à innover.	☐	☐
7. À court terme, il réduit le déficit commercial.	☐	☐
8. Il pousse les pays à se spécialiser.	☐	☐

57 ÉTHIQUE DANS LES AFFAIRES

A. L'ÉTHIQUE, QU'EST-CE QUE C'EST ?

Technitec est une entreprise européenne, qui fabrique des composants électroniques. Ses sites de production se trouvent principalement en Asie. Depuis sa création, Technitec a toujours valorisé **l'éthique** (= la morale) dans les affaires.

Audrey Gicquel, P-DG de Technitec, s'en explique : « Une entreprise doit être **socialement responsable**, c'est-à-dire respectueuse de la société et du monde qui l'entourent. Chez Technitec, nous avons des principes, et ces principes tournent autour d'un seul mot : le respect. Respect des personnes, respect de la nature, respect de la vie et de la santé des êtres vivants… C'est cela, l'éthique dans les affaires. ».

B. GUIDE DE CONDUITE

Certaines entreprises, comme Technitec, ont **une charte d'Éthique** (= **un guide de conduite**), qui contient un certain nombre de règles. « Des règles fondamentales », précise Audrey Gicquel.

Voici des extraits de la charte de conduite de Technitec.

– **Travail des enfants :** il est interdit d'employer des enfants de moins de 16 ans.
– **Discrimination :** il est interdit de **discriminer** une personne selon le sexe, l'ethnie, la religion.
– **Conditions de travail :** la santé et la sécurité des travailleurs doivent être préservées.
– **Corruption :** il est interdit d'offrir ou d'accepter **un pot-de-vin**, que ce soit une somme d'argent ou un cadeau **en nature**.

« Il y a deux ans, *rapporte le P-DG de Technitec*, l'un de nos responsables commerciaux a voulu **corrompre** un fonctionnaire en lui versant un pot-de-vin de 50 000 euros. Quand j'ai appris cette histoire, j'ai licencié cette personne sur-le-champ (= immédiatement). »

C. FONDS ÉTHIQUE

Sandrine Guillemin, qui travaille dans une banque, explique que sa banque est également concernée par l'éthique :

« Nous proposons à certains clients de **placer** (investir) leur argent dans **un fonds éthique** qui exclut les entreprises ayant des activités dans l'alcool, le tabac, la pornographie ou les jeux. Ce fonds exclut également les entreprises qui **polluent** (qui causent des dommages à **l'environnement**).

Par ailleurs, nous finançons plusieurs projets de **développement durable**. Ces projets visent à protéger l'environnement et à garantir un « développement durable » de notre planète pour les générations futures.

Nous **soutenons** (aidons) également les entreprises de **commerce équitable** (= **commerce solidaire**), dont l'objectif est de favoriser des échanges plus justes entre les pays riches et les pays pauvres. »

ÉTHIQUE DANS LES AFFAIRES

EXERCICES

1 Pour sélectionner les entreprises, certains fonds éthiques examinent :

A. Le management
B. Le cadre de travail
C. L'environnement
D. Les relations avec les partenaires extérieurs

Dites à quel domaine se rattache chacune des phrases suivantes, extraites du rapport d'une banque.

> Cette entreprise respecte scrupuleusement les normes environnementales.

1. C

> Ils ont considérablement réduit leur consommation d'énergie.

4. _____

> Leurs techniques de production ne sont pas polluantes.

2. _____

> Ils entretiennent d'excellents rapports avec leurs fournisseurs.

5. _____

> Les salariés travaillent dans un environnement agréable.

3. _____

> Le pouvoir de décision est partagé entre plusieurs directeurs.

6. _____

2 Mots croisés

Horizontalement

1. Juste, conforme à l'équité.
2. Acheter quelqu'un. Par exemple, en lui versant un pot-de-vin.
3. Aider, apporter son soutien.
4. Se dit du commerce équitable.

Verticalement

a. Salit, endommage l'environnement.
b. Sépare, distingue selon certains critères comme l'âge, le sexe.
c. Règles fondamentales d'une organisation.

58 INFRACTION ÉCONOMIQUE 1

A. CONTREFAÇON

Une infraction est **une violation** (un non-respect) de **la loi**. **La contrefaçon** est une imitation **frauduleuse** (illégale) et constitue une infraction.

Contrefaire, c'est imiter **frauduleusement** (illégalement). On peut contrefaire une monnaie, un produit, une marque, une carte de crédit, une signature, etc. Une entreprise peut **poursuivre** quelqu'un **en contrefaçon** (de marque, par exemple) **devant le tribunal (en justice)**. **Le contrefacteur** peut être **condamné** à payer à la victime de la contrefaçon des **dommages-intérêts** (une somme d'argent) en réparation du **préjudice** (= **dommage**) subi.

Saisie de produits de contrefaçon

Lorenzo Chabert dirige la Police économique, à Montréal. Il parle de son travail :
« Nous luttons contre **les activités criminelles** dans **le milieu des affaires**. Le mois dernier, nous avons arrêté un groupe de **faux-monnayeurs**. Ils fabriquaient de **faux billets** de 100 dollars dans une cave. Le mois dernier toujours, nous avons **saisi** (pris) 800 **fausses** montres Cartier. Elles étaient fabriquées près de Montréal, dans des ateliers **clandestins** (= illégaux). »

B. TRAFIC

Lorenzo Chabert : « Il y a beaucoup de **contrebande** d'alcool et nous devons contrôler les frontières de près. **Les contrebandiers** sont généralement de petits **trafiquants**. Ils achètent de l'alcool aux États-Unis, où les taxes sont moins élevées, et le revendent illégalement au Canada.

Pour **le trafic de drogue,** nous travaillons en collaboration avec la police d'autres pays. La drogue rapporte beaucoup d'argent aux trafiquants. Comme c'est de **l'argent sale** (de l'argent provenant d'un commerce illégal), les trafiquants doivent le **blanchir** (le rendre légal). Pour cela, ils utilisent des salles de jeux, des casinos, etc. Nous luttons de notre mieux contre **le blanchiment** de **l'argent de la drogue**, mais ce n'est pas facile, car nous avons affaire à des bandes (groupes) extrêmement bien organisées. »

C. RACKET

Lorenzo Chabert, de nouveau :
« Certains petits commerçants sont **rackettés** régulièrement. **Les racketteurs** leur disent : « Payez-nous ou nous brûlons votre magasin ». C'est **un chantage** qui fait peur. Les gens préfèrent payer. Ils n'osent pas parler. C'est pour cette raison que nous avons du mal à éliminer **le racket**. »

INFRACTION ÉCONOMIQUE 1

EXERCICES

1. Contrefaçon, contrebande, racket ou blanchiment d'argent ?
Dans chacun des cas suivants, dites de quelle infraction il s'agit.

1. Certaines entreprises exploitent des brevets d'invention sans l'autorisation de l'inventeur. _____
2. Une bande de jeunes entre dans un petit restaurant. Ils mangent et s'en vont sans payer. Le patron du restaurant n'ose pas protester. _____
3. On estime que dans le monde, environ un tiers des cigarettes produites disparaissent pour être revendues sur le marché noir. _____
4. Des criminels achètent et paient en espèces des biens de grande valeur tels que des bateaux ou des propriétés immobilières. _____

2. Qui est l'auteur de chacun des actes suivants ?

1. Il fabrique de faux billets. C'est un f_____ - m_____ .
2. Il fait de la contrebande de cigarettes. C'est un c_____ .
3. Il fait du trafic d'alcool. C'est un t_____ .
4. Il rackette les petits commerçants. C'est un r_____ .

3. Complétez les mentions manquantes.

X et Y sont deux entreprises qui fabriquent des vêtements.

1. La police a s_____ dans un entrepôt de X un lot de vêtements portant le nom de Y.
2. Y p_____ X en justice.
3. Y reproche à X d'avoir c_____ sa m_____ de vêtement.
4. Le tribunal donne raison à Y. Il estime que Y a subi un p_____ .
5. X est c_____ à payer à Y la somme de 50 000 euros à titre de d_____ -i_____ .

4. Répondez aux questions.

1. Comment peut-on empêcher la contrebande de cigarettes ou d'alcool ? Proposez une solution.
   _____

2. Qu'est-ce qu'un chantage ? Donnez un exemple.
   _____

INFRACTION ÉCONOMIQUE 2

A. FRAUDE FISCALE

La fraude fiscale (= **l'évasion fiscale**) consiste à utiliser des moyens illégaux pour payer moins d'**impôts** (= taxes). Certaines entreprises ont une adresse fictive (fausse) dans **un paradis fiscal**, c'est-à-dire dans un pays où les impôts sont faibles ou nuls.

Les **fraudeurs** sont aussi bien les particuliers que les petites et les grandes entreprises. Le plus souvent, **le fisc** (= **l'administration des impôts** = **l'administration fiscale**) ne peut pas retrouver les fraudeurs.

B. ESCROQUERIE

Un escroc est une personne malhonnête en affaires, qui abuse (profite) de la confiance de quelqu'un pour lui **soutirer** (prendre) de l'argent.

Jean-Luc Georges est propriétaire d'une petite entreprise de travaux publics, à Val d'Or, au Québec. Récemment, il a été victime d'**une escroquerie**. Il raconte comment il s'est fait **escroquer** :

« Nous avions une comptable en qui nous faisions entièrement confiance. Elle s'appelait Clémentine. Un jour, elle a pris un congé maternité et elle a été remplacée par un intérimaire. Après quelques jours, l'intérimaire a découvert que, depuis trois ans, Clémentine établissait des chèques **à son ordre** (à son nom), en imitant ma signature. En trois ans, elle avait réussi à **détourner** près de 100 000 dollars **à son profit**. Aujourd'hui, nous la poursuivons en justice pour **détournement de fonds** (vol d'argent). On ne peut faire confiance à personne ».

C. DÉLIT D'INITIÉ

Un dirigeant d'entreprise n'a pas le droit d'utiliser des informations confidentielles pour gagner de l'argent **à la bourse**. S'il le fait, il **commet** une infraction, qui s'appelle **un délit d'initié.**

Des patrons de grandes entreprises **cotées** (inscrites) **en bourse** sont parfois condamnés à une forte **amende** (somme d'argent) pour délit d'initié.

D. PIRATAGE INFORMATIQUE

Mathieu Rousseau, consultant en **sécurité informatique**, explique ce qu'est le **piratage informatique**. Il sait de quoi il parle. C'est lui-même un ancien **pirate**.

« Le pirate qui entre dans les **systèmes informatiques** d'une entreprise se sent comme chez lui. Il lit le courrier électronique du personnel, il copie des centaines de **fichiers** confidentiels. Avant de partir, il peut **saboter** (détruire) le réseau. Aujourd'hui, dans la guerre de **l'information économique**, le piratage informatique est devenue une arme majeure. Il n'est donc pas étonnant que **la délinquance** (criminalité) **informatique** ait doublé depuis cinq ans. »

INFRACTION ÉCONOMIQUE 2

EXERCICES

1 Complétez les phrases avec les mots suivants.
amende - bourse - délit - évasion - fisc - fonds - fraudeurs - paradis - piratage - profit - sécurité

1. Cette entreprise a pris des mesures de _____ importantes pour lutter contre le _____ informatique.
2. Le patron d'une grande entreprise européenne cotée en _____ a été condamné pour _____ d'initié à une _____ de 250 000 euros.
3. De nombreuses entreprises échappent au _____ en établissant leur siège social dans un _____ fiscal.
4. Pendant qu'il travaillait dans cette entreprise, il a détourné des _____ importants à son _____ .
5. L'_____ fiscale coûte des milliards d'euros à l'État. Les _____ sont si nombreux qu'il est très difficile de les retrouver.

2 Mots croisés

Horizontalement

1. L'État prélève des... pour financer les charges publiques.
2. Un... contient un ensemble d'informations numériques et peut être enregistré sur un disque dur.
3. Un... de fonds consiste à utiliser à son profit de l'argent qui ne nous est pas destiné.
4. En principe, on fait un chèque à l'... d'un bénéficiaire désigné.
5. Un... est une personne malhonnête en affaires.

Verticalement

a. ... consiste à détériorer ou à détruire par acte de sabotage.
b. La... est la conduite d'un délinquant, c'est-à-dire d'une personne qui commet des délits.
c. Un... dispose d'informations privilégiées et les utilise pour des opérations de Bourse.
d. Le... copie des logiciels ou s'introduit frauduleusement dans les systèmes informatiques.
e. ... de l'argent de quelqu'un, c'est obtenir de lui de l'argent par des moyens malhonnêtes.

RÈGLES DU JEU 60

PRATIQUES ANTICONCURRENTIELLES

A. ABUS DE POSITION DOMINANTE

Paul Schaeffer travaille à la **Commission de la concurrence**, à Bruxelles. Il parle de son travail :

« Notre rôle consiste à **surveiller** (contrôler) le marché et à faire **respecter la concurrence** sur le marché européen. **Le droit communautaire** (= droit européen) **prohibe** (interdit) les situations ou pratiques qui **entravent** (= **faussent**, c'est-à-dire gênent) **la libre concurrence** à l'intérieur de l'**Union européenne**.

C'est le cas, par exemple, des situations de **monopole**. Si une entreprise **exerce** un monopole, cela signifie qu'elle est seule sur son marché. Dans ce cas, la concurrence n'existe même pas.

La concurrence est également **faussée** dans le cas où une entreprise occupant une part de marché importante abuse (profite) de sa **position dominante**. C'est ce que nous appelons **un abus de position dominante**. Par exemple, certaines entreprises, parce qu'elles sont très puissantes, ont les moyens de **pratiquer le dumping** dans le but d'**éliminer** un concurrent. Le dumping, qui consiste à **vendre à perte** (= vendre à des prix inférieurs aux coûts de revient), est interdit.

Pour maintenir une véritable concurrence, nous contrôlons donc **les opérations de concentration** d'entreprises, comme les fusions ou **acquisitions** (= achats), quand ces opérations présentent un risque de monopole ou de position dominante. »

B. ENTENTES

Paul Schaeffer, de nouveau : « La concurrence est comme un jeu. Il y a des règles à respecter. Or, il arrive que des entreprises faussent **le jeu de la concurrence** en passant un accord pour **se partager le marché** ou pour fixer les prix. Cet accord s'appelle **une entente** ou **un cartel**.

Les ententes sont **prohibées** (= interdites) car elles **restreignent** (= limitent) le commerce entre les **États membres** = elles apportent des **restrictions** au **commerce intracommunautaire** (au commerce à l'intérieur de la Communauté).

Récemment, après trois ans d'enquête, nous avons réussi à **apporter la preuve** d'une entente entre plusieurs entreprises pharmaceutiques. Chacune de ces entreprises a été condamnée à payer **une amende** de 17 millions d'euros. »

C. AIDES D'ÉTAT

Dans l'Union européenne, les **aides d'État** (= **aides publiques**) aux entreprises sont interdites si elles faussent la concurrence.

En principe, un État ne peut pas **verser une subvention** (de l'argent) **à** (= **subventionner**) une entreprise ni l'aider avec des **exonérations** (= suppressions) **d'impôt**.

PRATIQUES ANTICONCURENTIELLES

EXERCICES

1 Complétez les phrases avec les mots suivants :
Commission - droit - entente - jeu - position - preuve

1. Les pratiques qui faussent le _____ de la concurrence sont prohibées.
2. Il est interdit d'exploiter de façon abusive une _____ dominante.
3. Une _____ est un accord passé entre deux ou plusieurs entreprises.
4. Il est particulièrement difficile d'apporter la _____ d'une entente.
5. La _____ européenne contrôle l'application du _____ communautaire.

2 Les phrases suivantes sont dans le désordre. Mettez-les dans l'ordre.

☐ Elles peuvent être le fait des gouvernements lorsque ceux-ci accordent des aides publiques aux entreprises.

☐ Les restrictions de concurrence ne sont pas seulement créées par les entreprises.

☐ Le droit européen interdit donc en principe toutes les aides d'État susceptibles de fausser la concurrence intracommunautaire.

3 Complétez les mentions manquantes.

1. Le droit c_____ interdit les a_____ de position dominante.
2. Sont interdites toutes les e_____ qui empêchent ou f_____ le jeu de la concurrence à l'intérieur de l'U_____ européenne.
3. Les s_____ versées par les É_____ m_____ aux entreprises sont p_____ lorsqu'elles favorisent les entreprises nationales.
4. Les c_____ d'entreprises de dimension communautaire, comme l'acquisition d'une entreprise par une autre, sont contrôlées par la Commission.

4 Lisez l'article suivant. Quel est le mot manquant du titre ?

Concurrence :
Bruxelles sanctionne Wanadoo pour _____

La Commission européenne a infligé une amende de 10,35 millions d'euros à Wanadoo, filiale Internet de France Télécom, pour des pratiques tarifaires anticoncurrentielles. La Commission estime que, durant les deux dernières années, Wanadoo a vendu à perte ses services ADSL (Internet à haut débit) destinés au grand public. Cette pratique a « *restreint l'entrée sur le marché et le développement des concurrents au détriment des consommateurs* » a déclaré la Commission.

SERVICES BANCAIRES

A. COMPTE COURANT

Vous avez probablement **un compte courant** dans une banque. Sur ce compte, vous pouvez **déposer** de **l'argent** (= **faire un dépôt**). Pour régler vos **dépenses courantes**, vous pouvez **retirer** de l'argent **de** ce compte (= **faire un retrait**). Vous pouvez aussi, par **prélèvements automatiques**, régler vos factures de téléphone, d'électricité, etc. Généralement, c'est sur ce compte courant que l'employeur **vire** (envoie) votre salaire.

Quand vous **ouvrez** un compte courant, le banquier vous remet **un carnet de chèques** (= **un chéquier**) et **une carte bancaire**. En cas de perte ou de vol, vous **faites opposition** : vous demandez à votre banque de ne pas payer.

La banque vous envoie régulièrement **un relevé de compte** mentionnant vos dernières **opérations bancaires** et **la position de votre compte**. En principe, vous ne devez pas **être à découvert** : votre compte doit être **approvisionné**, c'est-à-dire qu'il doit y avoir de l'argent dessus. Si vous **faites un chèque** alors que votre compte n'est pas approvisionné, vous faites **un chèque sans provision**.

B. DISTRIBUTEURS AUTOMATIQUES

François Vasseur est directeur d'**une agence bancaire** à Montréal. Il parle des services proposés par sa banque :

« Toutes nos agences sont équipées de **distributeurs automatiques de billets**, qui fonctionnent jour et nuit. Avec nos machines, les clients peuvent retirer de l'argent, mais aussi **encaisser des chèques** (= mettre l'argent du chèque sur leur compte), **faire des virements** (transférer de l'argent d'un compte à un autre), etc. »

Pour retirer de l'argent à un distributeur, vous devez **insérer** votre carte et **composez** votre **code confidentiel** (= **code secret**).

La plupart des distributeurs **délivrent un reçu** (un petit papier sur lequel est inscrit le montant de la somme que vous venez de retirer).

C. AUTRES SERVICES

Que pouvez-vous encore faire dans une banque ?
- Ouvrir **un compte d'épargne** pour y placer vos économies.
- **Changer de l'argent** : par exemple, changer des dollars en euros.
- Louer **un coffre-fort**.
- Consulter **un conseiller financier**.

SERVICES BANCAIRES

EXERCICES

1 — Trouvez la réponse à chacune des questions. Puis écoutez pour vérifier

1. Je n'ai pas de travail. Puis-je ouvrir un compte en banque ? ⇒ **b**
2. Dans quels cas puis-je faire opposition à un chèque ? ⇒ …
3. Ma banque peut-elle refuser de me délivrer une carte bancaire ? ⇒ …
4. Que dois-je faire si je perds la clé de mon coffre-fort ? ⇒ …
5. Comment puis-je me connecter à ma banque en ligne ? ⇒ …
6. Le chèque que j'ai voulu encaisser a été rejeté pour absence de provision. Que puis-je faire ? ⇒ …

a. Oui, si elle estime par exemple que vos revenus sont insuffisants.
b. Oui. Pour cela, vous devez simplement présenter une pièce d'identité et un justificatif de domicile.
c. Uniquement s'il y a eu perte ou vol.
d. Il vous suffit de saisir votre numéro de compte et votre code confidentiel.
e. Signalez-le immédiatement à votre banque par téléphone.
f. Présentez-le à nouveau, par exemple au début du mois suivant, en espérant que le compte a été approvisionné entre-temps.

2 — Mettez les opérations ci-dessous dans l'ordre chronologique.

1. *Histoire de chèque*
☐ J'ouvre un compte courant.
☐ Lucas encaisse mon chèque.
☐ Je fais un chèque à l'ordre de Lucas.
☐ Je reçois un carnet de chèques.

2. *Devant un distributeur*
☐ Tapez le montant que vous désirez.
☐ Composez votre code secret.
☐ Insérez votre carte bancaire.
☐ Retirez vos billets.

3 — Complétez les mentions manquantes.

1. Quand vous d_____ de l'argent, l'employé de banque vous remet un r_____.
2. Un c_____ est valable (et peut donc être e_____) pendant un an.
3. Vous pouvez utiliser votre carte b_____ pour effectuer des r_____ d'argent et des achats.
4. Chaque mois, vous pouvez payer votre loyer par p_____ a_____.
5. Pour connaître la p_____ de votre compte, consultez votre r_____ de compte.
6. Si votre compte courant est à d_____, vous pouvez faire un v_____ de votre compte d'é_____ sur ce compte c_____.

CRÉDIT BANCAIRE

A. PRÊT ET EMPRUNT

Il ne faut pas confondre **le prêt** (= **le crédit**) et **l'emprunt**.

La banque **prête à** ses clients.
Celui qui prête est **le prêteur**.
C'est **le créancier**.
Il **détient** (= **a**) **une créance**.

Le client **emprunte à** la banque.
Celui qui emprunte est **l'emprunteur**.
C'est **le débiteur**.
Il détient (= a) **une dette**.
L'emprunteur **a recours à** = **contracte** = **fait** un emprunt (bancaire).
On dit aussi qu'il **prend un crédit**.

NOTE : Attention ! **Faire crédit**, c'est accorder un délai pour payer (voir leçon 54).

B. GARANTIES

Avant d'**accorder** (= de **consentir**) **un crédit**, les banques s'assurent de **la solvabilité** de l'emprunteur. Une personne est **solvable** si elle est capable de **rembourser** un emprunt. Quand une personne ne peut plus payer ses dettes, on dit qu'elle est **insolvable**.

Murielle Lemoine travaille dans une banque. Elle parle de son travail : « J'examine **le dossier de crédit** des entreprises. Nous acceptons de consentir un crédit à condition **d'obtenir des garanties**. Si l'entreprise nous **apporte des garanties**, et si elle est peu **endettée** (= si elle a peu de dettes), elle peut **obtenir le crédit**. Dans le cas contraire, nous devons **refuser** le crédit. »

Dans le cas d'**un crédit immobilier**, c'est-à-dire dans le cas où une entreprise ou un particulier emprunte de l'argent pour acheter **un bien immobilier** (une maison, un appartement, un bureau, etc.), la banque **prend une garantie sur** le bien. Cette garantie s'appelle **une hypothèque**. On dit que la banque prend **une hypothèque** sur le bien et que l'emprunteur **hypothèque** (donne en garantie) le bien. Si le débiteur ne peut pas rembourser, **l'immeuble hypothéqué** peut être **saisi** et vendu de façon à payer la banque.

C. TAUX D'INTÉRÊT

À chaque **remboursement**, les clients emprunteurs doivent payer à leur banque une somme supplémentaire : **l'intérêt**.

Murielle Lemoine : « **Le taux d'intérêt** dépend beaucoup de **la durée du prêt**. Les taux sont plus élevés pour les prêts **à moyen terme** et **à long terme** que pour les prêts **à court terme**. Le niveau des taux d'intérêt a beaucoup baissé depuis un an. L'année dernière, les taux étaient très **élevés**. Aujourd'hui, ils sont très **bas**. C'est le moment d'emprunter. »

CRÉDIT BANCAIRE

EXERCICES

1 🎧 42 **Entourez la bonne réponse. Puis écoutez pour vérifier.**

1. Pour acheter sa maison, Martin a emprunté de l'argent | à | d' | une amie.
2. Il a aussi | fait | pris | un crédit à long | remboursement | terme | à la banque.
3. La banque a exigé qu'il | apporte | obtienne | des garanties.
4. Pour | accorder | obtenir | le crédit, Martin a dû | acheter | hypothéquer | sa maison.
5. Plus tard, il a perdu son emploi et est devenu | insolvable | solvable |.
6. Il ne pouvait plus | contracter | rembourser | l'emprunt, ni payer les | garanties | intérêts |.
7. La maison a été | payée | saisie |, puis vendue et Martin s'est retrouvé à la rue. Pauvre Martin !

2 **Complétez avec les verbes prêter ou emprunter.**

1. Il y a trois ans, elle a _____ 3 000 euros à Martin, qui ne lui a toujours pas remboursé.
2. Elle ne veut plus rien lui _____ parce qu'elle n'a pas confiance.
3. Il a besoin d'argent. Pouvez-vous lui en _____ ?
4. Quand les taux d'intérêt sont bas, Martin n'hésite pas à _____.
5. Quand les taux sont élevés, il vaut mieux _____.

3 **Est-ce le créancier ou le débiteur ?**

	CRÉANCIER	DÉBITEUR
1. Il détient une créance.	☐	☐
2. Il fait crédit.	☐	☐
3. Il consent un crédit.	☐	☐
4. Il emprunte.	☐	☐
5. Il prend une hypothèque.	☐	☐
6. Il contracte un emprunt.	☐	☐
7. Il est endetté.	☐	☐
8. Il rembourse ses dettes.	☐	☐
9. Il reçoit des intérêts.	☐	☐
10. Il accorde le prêt.	☐	☐

APPORT DE CAPITAL

A. CAPITAL SOCIAL

En **constituant** (créant) **une société commerciale**, plusieurs personnes, **les associés**, mettent quelque chose en commun en vue de gagner de l'argent.

Que peuvent-ils **apporter** à la société ?
Ils peuvent **effectuer** (= **faire**) :
– **un apport en numéraire** (= apporter de l'argent),
– **un apport en nature** (= apporter un bien matériel).
Le total de ces apports constitue **le capital social** (= le capital de la société).

Attention ! Il ne faut pas confondre « **prêt** » et « **apport** ». Apporter, c'est donner. On ne peut pas demander le remboursement d'un apport.

B. SOCIÉTÉS COMMERCIALES

Marie-Claude Dubreuil, **avocate** spécialisée en **droit des sociétés**, distingue deux types de sociétés : les sociétés de personnes et les sociétés de capitaux.

« Dans **une société de personnes**, *explique Maître Dubreuil*, les associés, peu nombreux, se connaissent bien et c'est pour cette raison qu'ils choisissent de s'unir. Une personne ne peut entrer dans la société qu'avec l'accord de tous les associés.

Dans **une société de capitaux**, en revanche, les associés se connaissent peu, voire pas du tout. Ils peuvent être très nombreux. Dans le cas d'une société **cotée en bourse**, ils sont des milliers. Ce qui compte, c'est le capital qu'ils apportent. En droit français, par exemple, **la société anonyme** est une société de capitaux.

Les associés sont les propriétaires de l'entreprise. En contrepartie de leurs apports, ils reçoivent des **titres de propriétés**. On appelle ces titres :
– des **parts sociales** si c'est une société de personnes ;
– des **actions** si c'est une société de capitaux.
On appelle les associés d'une société de capitaux des **actionnaires**. »

C. AUGMENTATION DE CAPITAL

Marie-Claude Dubreuil : « Pendant la vie de la société, les associés (ou actionnaires) peuvent faire de nouveaux apports à la société. On parle alors d'**augmentation de capital**. Cette opération se traduit par (entraîne) **une émission** (création) de nouveaux titres de propriété. La société doit **émettre** de nouvelles actions ou parts sociales.

Mais attention ! Une augmentation de capital peut modifier la répartition de **la propriété du capital**. De plus, l'apport en capital est rarement suffisant pour **financer** le développement d'une entreprise. Mieux vaut **recourir** également **à** (utiliser) d'autres **moyens** (ou **modes**) **de financement**, comme **l'autofinancement**, qui consiste pour la société à investir en utilisant ses bénéfices. »

APPORT DE CAPITAL

EXERCICES

1 Pour se développer, une société peut recourir aux modes de financement suivants :

A. Autofinancement   **B.** Emprunt   **C.** Augmentation de capital

À quel mode de financement correspond chacune des caractéristiques suivantes ?

1. Il oblige la société à rembourser un jour. ⇒ *B*
2. La société doit constituer un dossier de crédit. ⇒ …
3. Il consiste à conserver et à réinvestir les bénéfices. ⇒ …
4. Un actionnaire minoritaire peut devenir majoritaire. ⇒ …
5. Il entraîne le paiement d'intérêts. ⇒ …
6. Il réduit la part des bénéfices distribués aux actionnaires. ⇒ …
7. Il donne lieu à l'émission de nouvelles actions. ⇒ …
8. La société utilise ses propres ressources (revenus). ⇒ …

2 Les caractéristiques suivantes concernent-elles la société de personnes ou la société de capitaux ?

	PERSONNES	CAPITAUX
1. Si l'un des associés souhaite céder (vendre) ses parts, il doit obtenir l'accord de tous les autres.	☐	☐
2. Elle convient bien aux grandes entreprises.	☐	☐
3. Elle peut être cotée en bourse.	☐	☐
4. La mort d'un associé entraîne la dissolution (la fin) de la société.	☐	☐

3 Complétez les mentions manquantes.

1. Le c _____ s _____ est constitué des apports faits par les associés à la société.
2. Ces apports peuvent être effectués en n _____ ou en n _____ (terrains, bâtiments, outillage, etc.).
3. Une société a _____ est une forme de société de c _____ .
4. Dans le cas où une société anonyme augmente son capital, elle é_____ de nouvelles a _____ .
5. Une action ou une p _____ s _____ est un t _____ de propriété.
6. Pour en savoir davantage à ce sujet, vous devez étudier le d _____ des s _____ .

DROITS DE L'ACTIONNAIRE

A. L'ACTION, TITRE DE PROPRIÉTÉ

Une action représente une partie du capital d'une société. Acheter une action signifie devenir propriétaire d'une partie de la société. **Le détenteur** de l'action, **l'actionnaire**, bénéficie des droits du propriétaire.

L'actionnaire **a droit aux bénéfices.** Il **perçoit** (reçoit) **des dividendes** = la part des bénéfices distribués. Si la société ne fait pas de bénéfices, il n'y a pas de **distribution** de dividendes : la société ne **distribue** pas de dividendes.

L'actionnaire **a le droit de vote.** Une fois par an, les actionnaires assistent à **l'assemblée générale des actionnaires**, qui est **convoquée** par **le conseil d'administration**. Au cours de cette assemblée, ils **délibèrent** (discutent). Ils **approuvent** (acceptent) les comptes de **l'exercice** (= l'année), ils **statuent** (prennent une décision) **sur** la répartition des bénéfices, ils **élisent** les administrateurs (membres du conseil d'administration). Pour prendre ces décisions, ils **votent**.

L'actionnaire **a le droit d'**être informé sur les événements importants qui surviennent dans la vie de la société : **nomination** d'un nouveau directeur, projet d'achat d'une autre entreprise, etc.

L'actionnaire a le droit de **négocier** (= **céder**, c'est-à-dire vendre) son action et de sortir librement de la société. On dit que les actions sont **librement négociables**.

B. TYPES D'ACTIONS

Les statuts sont rédigés (écrits) au moment de la création de la société. Ils expliquent les règles de fonctionnement de la société.

Les statuts précisent si les actions sont **nominatives** ou au **porteur**.

Action nominative	L'action est inscrite dans **le registre de la société**, avec le nom du propriétaire. La société connaît l'identité de l'actionnaire.
Action au porteur	Le nom de l'actionnaire n'est pas connu de la société.

En principe, les actions donnent à l'actionnaire le droit de vote selon le principe « une action = une voix ». Ce sont des **actions ordinaires**. Il existe d'autres types d'actions : des **actions à vote double**, des **actions sans droit de vote**, etc.

C. TYPES D'ACTIONNAIRES

Le petit actionnaire (ou le petit porteur)	Il ne peut pas influencer la gestion de l'entreprise. Parfois, pour faire valoir (défendre) leurs droits, les petits actionnaires se regroupent (s'unissent) dans une association de défense des **actionnaires minoritaires**.
Le gros actionnaire	**Un actionnaire de référence** détient de 15 % à 20 % au moins du capital. **Un actionnaire majoritaire** détient plus de 50 % du capital.

DROITS DE L'ACTIONNAIRE

EXERCICES

1 Complétez les mentions manquantes avec les verbes suivants :
assister - approuver - convoquer - délibérer - distribuer - élire - voter

1. Le conseil d'administration doit _____ l'assemblée générale des actionnaires une fois par an.
2. Les actionnaires doivent _____ sur toutes les questions figurant à l'ordre du jour.
3. Ils doivent _____ les comptes de l'exercice
4. Ils décident de _____ ou non les bénéfices.
5. Parfois, ils sont invités à _____ de nouveaux administrateurs.
6. Ceux qui ne peuvent pas _____ à l'assemblée peuvent _____ par correspondance.

2 Les trois phrases suivantes sont dans le désordre. Mettez-les dans l'ordre.

☐ Pour ces deux raisons, les statuts de certaines sociétés conditionnent l'entrée à l'assemblée à la propriété d'un certain nombre d'actions.

☐ De plus, il ne serait pas souhaitable qu'un associé détenant une ou deux actions puisse prendre longuement la parole pendant une assemblée.

☐ Dans les sociétés qui comptent des milliers d'actionnaires, la réunion de tous les associés serait une chose impossible.

3 Complétez les phrases suivantes.

1. Ce n'est pas une action au porteur, c'est une action _____.
2. Ce n'est ni une action à vote double ni une action sans droit de vote, c'est une action _____.
3. Ce n'est pas un gros actionnaire, c'est un _____ porteur.
4. Nous ne sommes pas majoritaires, nous sommes _____.
5. Il détient 16,8 % du capital. C'est un actionnaire de _____.

4 Vrai ou faux ?

	VRAI	FAUX
1. Tous les ans, les actionnaires reçoivent obligatoirement des dividendes.	☐	☐
2. Tous les ans, ils rédigent les nouveaux statuts de la société.	☐	☐
3. Les membres du conseil d'administration sont élus par les actionnaires.	☐	☐
4. Quand les actions sont nominatives, le nom des actionnaires est inscrit dans les statuts.	☐	☐

PLACEMENTS FINANCIERS

A. PORTEFEUILLE DE VALEURS MOBILIÈRES

Une valeur mobilière est **un titre** (un certificat) qui peut être négocié (vendu) **en bourse**. Il existe deux catégories principales de valeurs mobilières : **les actions** et **les obligations**.

Un portefeuille de valeurs mobilières est un ensemble de valeurs mobilières détenues (possédées) à un certain moment par une personne. Cette personne a **placé** de l'argent **en** (ou **à la**) **bourse**.

Placer son **épargne** (= ses **économies**) signifie acheter un bien (un appartement, un tableau, des valeurs mobilières, etc.) dans l'espoir que ce bien **prendra de la valeur** (son prix augmentera). Il existe de nombreux types de **placements**.

B. PLACEMENT EN ACTIONS

Sébastien Lejeune a placé toutes ses économies en bourse. « J'ai acheté des actions Bic, *explique-t-il*. Six mois plus tard, je les ai vendues à **un cours** (= prix) supérieur de 20 % au **cours d'achat**. Résultat : j'ai **réalisé une plus-value** de 20 %. Pas mal, n'est-ce pas ? »

Tout le monde n'a pas la chance (ou l'intuition) de Sébastien Lejeune. **Spéculer** (= **jouer**) à la bourse présente certains risques. Parfois, on doit vendre à un cours inférieur au cours d'achat. Dans ce cas, on réalise **une moins-value**.

« Acheter des actions est toujours **un placement à risques**, *explique Clarisse Beck, analyste financière*. Il ne faut pas tout **miser** (parier) sur une seule action. Mieux vaut **diversifier** son portefeuille, c'est-à-dire acheter des actions de **secteurs** différents ainsi que des **obligations**. »

C. PLACEMENT EN OBLIGATIONS

Une société qui a besoin d'argent peut **lancer** (= **émettre**) **un emprunt obligataire**. Si **vous souscrivez à cette émission** d'obligations (= à cet emprunt), cela veut dire que vous prêtez de l'argent à la société. En échange, vous recevez des titres, qui s'appellent des obligations. Vous êtes **le créancier obligataire**. La société est **l'émetteur**.
NOTE : Les États peuvent également **émettre** des **obligations** : ce sont **les obligations d'État** (ou **emprunts d'État**).

La société **émettrice** vous remboursera à une date déterminée, appelée **l'échéance**. Jusqu'à cette date, elle vous versera des **intérêts** chaque année. Mais à tout moment vous avez la possibilité de vendre vos obligations sur **le marché obligataire** (= **marché des obligations**), qui est une partie du **marché boursier**. Certaines obligations peuvent être **converties** (échangées) en actions : ce sont **les obligations convertibles en actions**.

Clarisse Beck : « Par rapport aux actions, **le placement obligataire** comporte peu de risques. On dit que c'est **un placement de bon père de famille**. »

PLACEMENTS FINANCIERS

EXERCICES

1 Placement en actions ou en obligations ? Que leur conseillez-vous ?

	ACTIONS	OBLIGATIONS
1. Lucas a peur de prendre des risques.	☐	☐
2. Théo préfère recevoir un revenu fixe chaque année.	☐	☐
3. Léa veut gagner (ou perdre ?) beaucoup d'argent très vite.	☐	☐
4. Maxime n'a pas confiance dans les entreprises.	☐	☐
5. Le portefeuille de Chloé est à 99 % composé d'actions.	☐	☐
6. Valentin est un bon père de famille.	☐	☐
7. Emma pense que les obligations ne sont pas assez rentables.	☐	☐
8. Antoine a un tempérament de spéculateur : c'est un joueur.	☐	☐

2 Complétez les mentions manquantes.

1. Vous avez s _____ à une é _____ d'obligations. Vous êtes le c _____ o _____. Chaque année, la société é _____ (la société qui a é _____ l'e _____ o _____) vous verse des i _____. À l'é _____, elle vous remboursera le montant de l'e _____.

2. Il est risqué de p _____ toutes ses é _____ dans des v _____ appartenant au même s _____ d'activité. Il est préférable de d _____ son p _____.

3. Vous souhaitez vendre certaines actions de votre portefeuille. Si le cours auquel vous v _____ est supérieur au c _____ d'a _____, vous réaliserez une _____. Dans le cas contraire, vous réaliserez une _____.

3 Qu'est-ce que c'est ?

1. Jouer à la bourse en espérant réaliser une plus-value, c'est _____
2. Une obligation qui peut être convertie en action, c'est une _____
3. Une obligation d'État peut aussi s'appeler un _____
4. La date à laquelle expire (prend fin) un délai, c'est _____
5. Une valeur mobilière, c'est _____

FLUCTUATIONS BOURSIÈRES

A. COURS DE LA BOURSE

Le cours	Le cours d'une action est le prix d'une action. Sur le marché boursier, ce cours **fluctue** (= varie) selon **l'offre** et **la demande**. Entre **l'ouverture** et **la clôture** (= fermeture) de **la séance** (journée) **boursière**, les **fluctuations** (= variations) du marché peuvent être importantes. En principe, la bourse **ouvre** à 9 heures et **clôture** à 18 heures.
La capitalisation boursière	C'est ce que vaut une société **cotée** (inscrite) **en bourse**. Elle s'obtient en multipliant le nombre d'actions **émises** (créées) par son cours (nombre d'actions × cours d'une action).
Un indice	Un indice indique **la hausse** ou **la baisse** d'un échantillon (une fraction représentative) d'actions. Le Dow Jones et le Nasdaq sont les indices les plus connus de la bourse de New-York.

B. KRACHS BOURSIERS

La bulle	On parle de **bulle financière** quand le cours des actions **augmente** de façon exagérée. **La valeur boursière** (= le cours de l'action en bourse) ne correspond plus à la réalité économique.
Le krach	Les prix continuent à **monter**. Une bulle **se forme**. Un jour, la bulle **éclate** et entraîne **l'effondrement** (très forte **chute**) des cours. C'est ce qu'on appelle **un krach boursier**.

Voici deux exemples célèbres de krach boursier.

OCTOBRE 1929 : la bourse de New York **s'effondre** (chute très fortement). La chute dure trois ans, et des millions de personnes se retrouvent ruinées (sans argent). La faillite des banques entraîne la faillite de milliers d'entreprises. En quelques semaines, la production industrielle **recule** (diminue) de 20 %. Le chômage **explose** (= augmente très fortement).

FIN DES ANNÉES 90 : on pense qu'avec Internet, **une nouvelle économie** est née : c'est **la net-économie.** Les cours des actions de la nouvelle économie **s'envolent** (= **flambent** = **montent en flèche** = augmentent fortement). Elles atteignent **un pic** (= **un plus haut**) en mars 2000. Puis soudain, c'est l'effondrement. La bulle éclate. On assiste à **un recul** (= **un repli** = une baisse) **spectaculaire** (important) des cours.

Année 2000 : le krach de la nouvelle économie

FLUCTUATIONS BOURSIÈRES

EXERCICES

1 Complétez le tableau.

Verbe	Nom
offrir	une _____
demander	une _____
_____	une baisse
_____	une montée
se replier	un _____
reculer	un _____

Verbe	Nom
s'effondrer	un _____
chuter	une _____
_____	une fluctuation
_____	une explosion
_____	un éclatement
_____	une flambée

2 Éliminez les deux intrus.

le recul – la baisse – la chute – l'effondrement – la montée – la flambée – le repli

3 Placez les commentaires dans le graphique.

1. un léger repli
2. une légère hausse
3. une remontée spectaculaire
4. un effondrement
5. des fluctuations
6. un pic
7. un plus bas

4 Complétez les mentions manquantes.

1. Le plus souvent, le cours à l'o _____ n'est pas le même que le cours de c _____ du jour précédent.
2. La s _____ d'aujourd'hui a été marquée par de fortes fluctuations. La bourse a o _____ en hausse de 1,23 %, mais elle a finalement c _____ en baisse de 1,45 %.
3. Un k _____ b _____ survient au moment où la b _____ éclate.
4. L'Euro Stoxx 50 est un i _____ composé des 50 plus fortes c _____ boursières de la zone euro.

ACTEURS DE LA BOURSE

A. INVESTISSEURS

Un investisseur en bourse peut être un particulier ou une entreprise. Il y a différentes sortes d'investisseurs : de **petits** investisseurs (ils investissent peu d'argent) et de **gros** investisseurs, des investisseurs **avertis** (= bien informés), etc.

Les **investisseurs institutionnels** sont de très gros investisseurs. Ils collectent l'épargne pour la placer en valeurs mobilières (actions et obligations). Familièrement, on les appelle **les zinzins**. Un « zinzin » peut être une compagnie d'assurances, **une caisse de retraite** (= **un fonds de pension**), **un OPCVM** (un organisme de placement collectif en valeurs mobilières).

B. COURTIERS EN BOURSE

Clarisse Beck est analyste financière. Elle explique comment investir à la bourse :

« Vous devez **passer un ordre de bourse** à un intermédiaire qui va acheter ou vendre des valeurs mobilières pour votre compte (pour vous). Pour acheter, vous passez **un ordre d'achat**. Pour vendre, vous passez **un ordre de vente**. Vous devez préciser la durée de **validité** de votre ordre. Un « **ordre jour** », par exemple, n'est valable que pendant une seule séance.

Si l'opération se réalise, vous devez payer à l'intermédiaire une commission, qu'on appelle **un courtage** (= **des frais de courtage**). Ces intermédiaires en Bourse sont des **courtiers** (= **maisons de courtage**). En France, on les appelle **sociétés de bourse** ou **entreprises d'investissement**. Chez les Anglo-saxons, on parle de **brokers**. »

C. TENDANCES DU MARCHÉ

Selon les jours, le marché peut être :
– **liquide** : il est facile de trouver un acheteur ou un vendeur. On dit d'une valeur qu'elle a une bonne **liquidité** lorsque **le volume** (le nombre) de **titres échangés** (achetés et vendus) est important ;
– **actif** ou **animé :** le volume des **transactions** (échanges) est important.
– **calme** : le volume des transactions est faible ;
– **haussier, porteur** : le marché est orienté **à la hausse** (les cours augmentent) ;
– **baissier, déprimé** : le marché est orienté **à la baisse** ;
– **stable** : les indices **restent inchangés** (= ils ne changent pas) ;
– **volatile** : c'est-à-dire instable (il y a de fortes fluctuations). On parle de **la volatilité** d'un marché ou d'un titre ;
– **indécis, hésitant** : le marché ne présente pas de **tendance** claire (ni hausse ni baisse).

ACTEURS DE LA BOURSE

EXERCICES

1 **Complétez avec les mots suivants :**
achat - bourse - offre - société - titre - validité - vente
Puis écoutez pour vérifier.

Si vous passez un ordre de _____, celui-ci doit comporter un certain nombre de précisions :
– le sens de l'opération : achat ou _____ ;
– le nombre et le nom du _____ : nombre d'actions ou d'obligations de telle ou telle _____ ;
– la limite de _____ de l' _____ : jusqu'à quel moment l'ordre est valable ;
– les conditions de prix : prix maximal à l' _____ et prix minimal à la vente.

2 **Faites correspondre.**

1. Investisseur ⇒ ...   a. d'investissement
2. Caisse ⇒ ...   b. institutionnel
3. Entreprise ⇒ ...   c. de retraite
4. Placement ⇒ ...   d. de courtage
5. Frais ⇒ ...   e. collectif

3 **Complétez les extraits de presse ci-dessous avec les mots suivants :**
actif - baissier - haussier - inchangé - indécis - volatile

1. **ALTRAN : LE TITRE TOUJOURS AUSSI _____**

Malgré une ouverture à 12 euros, le titre Altran recule de 3,3 % à 11,10 euros à la clôture. Hier, il avait perdu plus de 6 % alors que vendredi dernier il avait flambé de 14,8 %.

2. On utilise l'expression « bull market » (marché de taureaux) pour désigner un marché _____, parce que le taureau attaque avec ses cornes, en frappant de bas en haut.

3. Le marché est resté stable toute la journée pour clôturer pratiquement _____ (– 0,03 %).

4. LA BOURSE DE TOKYO A TERMINÉ SUR UNE PETITE HAUSSE DE 0,28 % SUR UN MARCHÉ _____ QUI ATTEND L'OUVERTURE DE WALL STREET POUR AVOIR UNE DIRECTION PLUS CLAIRE.

5. Dans un marché _____, Renault fait exception avec une hausse de plus de 4 % en une semaine.

6. La Bourse de Paris a clôturé sur une hausse de 3,20 % dans un marché très _____, avec un record de 2,4 milliards d'euros négociés.

ASSURANCES

A. MÉCANISME DE L'ASSURANCE

On peut **contracter une assurance** (= **s'assurer**) **contre** différents types de **risques** : incendie, vol, accident, etc.

Le principe est simple : **l'assuré** verse **une prime** = **une cotisation** (une somme d'argent) à **l'assureur** (**la compagnie d'assurances**). En contrepartie, l'assureur garantit le risque.

Si le risque se réalise - par exemple, si l'usine prend feu -, on parle de **sinistre**. Dans ce cas, l'assureur **indemnise** l'assuré = il lui verse **une indemnité** (une somme d'argent). Cette indemnité permet de **réparer le dommage** = **le préjudice** (par exemple, la destruction de l'usine).

B. TYPES D'ASSURANCES

Il existe trois grands types d'assurances.

L'assurance de biens	Elle **couvre** (= **garantit contre**) la destruction, la détérioration ou la disparition matérielle des **biens assurés**.
L'assurance de personnes	Assurance contre les **accidents corporels**, **assurance maladie**, **assurance vie**.
L'assurance de responsabilité	L'assuré peut être responsable d'un dommage (**matériel** ou **corporel**) causé à **un tiers** (une autre personne). Par exemple, il est responsable d'un accident automobile. Dans ce cas, son assureur **indemnise la victime**, qui est alors **le bénéficiaire**.

C. CONTRAT D'ASSURANCE

Le contrat d'assurances doit être écrit. Le document écrit s'appelle **une police d'assurance**.

Pauline Grimaud travaille dans une compagnie d'assurances. Avant que vous signiez la police, elle vous recommande de prendre les précautions suivantes :

« Lisez la police avec attention. Examinez **les garanties** dont vous bénéficiez, quels sont les risques **couverts** (= assurés). Attention ! Souvent, une partie du coût du sinistre reste **à la charge de** l'assuré. On appelle cette partie **la franchise**.

Pour **résilier** votre contrat (= y **mettre fin**), n'oubliez pas de respecter **le délai de préavis** (d'en informer l'assureur à l'avance). »

D. DÉCLARATION DE SINISTRE

Pauline Grimaud : « En cas de sinistre, envoyez tout de suite **une lettre de déclaration de sinistre** à l'assureur. Indiquez **le type de sinistre** (incendie, vol, accident, etc.), faites une description et une première **évaluation** des dommages. Plus tard, **un expert** évaluera plus précisément le dommage. »

ASSURANCES

EXERCICES

1 À quel type d'assurance se rapporte chacun de cas suivants ?

	BIENS	PERSONNES	RESPONSABILITÉ
1. Vous vous blessez en faisant du ski.	☐	☐	☐
2. Votre machine à laver est en marche. Il y a une fuite d'eau. Vous n'êtes pas chez vous. L'eau se répand dans votre appartement et détériore votre moquette.	☐	☐	☐
3. Cette même fuite d'eau provoque des dégâts (dommages) importants chez vos voisins du dessous.	☐	☐	☐
4. On vous a volé votre bicyclette.	☐	☐	☐

2 Qu'est-ce que c'est ?

1. Pour l'assureur - et pour l'assuré – c'est une preuve.   P _ _ _ _ _
2. Ne sera pas remboursée   F _ _ _ _ _ _ _
3. Celui qui souhaite moins dépendre du hasard.   A _ _ _ _ _
4. Ce que recevra la victime après un accident.   I _ _ _ _ _ _ _ _
5. Ce contre quoi on s'assure.   R _ _ _ _
6. Mettre fin au contrat.   R _ _ _ _ _ _
7. Il faut la payer pour être assuré.   P _ _ _ _
8. Le vol en est un.   S _ _ _ _ _ _ _
9. Ni l'assureur ni l'assuré : une autre personne.   T _ _ _ _ _
10. Synonyme de préjudice.   D _ _ _ _ _ _

3 Vrai ou faux ?

	VRAI	FAUX
1. La prime est une somme d'argent versée à l'assuré.	☐	☐
2. L'assuré est toujours le bénéficiaire de l'indemnité.	☐	☐
3. Dans l'assurance maladie, le risque est la maladie.	☐	☐
4. Dans certains cas, la vie est un risque.	☐	☐
5. Un sinistre peut causer des dommages à la fois matériels et corporels.	☐	☐
6. L'expert en assurance est chargé d'indemniser l'assuré.	☐	☐

69 FAIRE LES COMPTES

A. PLAN COMPTABLE

Dimitri Lacour travaille comme **comptable** dans une agence de publicité. Il parle de son travail :

« Mon travail consiste à **tenir la comptabilité** de l'agence. Tous les jours j'enregistre des chiffres dans des **livres de comptabilité** et bien sûr, comme tous mes collègues comptables, j'utilise **le plan comptable**. »

Le plan comptable est obligatoire dans toutes les entreprises. Il est divisé en un certain nombre de **comptes** : compte caisse, compte banque, compte client, etc. Chacun de ces comptes comprend deux colonnes : une colonne pour les entrées de valeurs (de l'argent, le prix d'un bien) et une colonne pour les sorties de valeurs.

Dimitri Lacour : « Les comptables ont un langage particulier. Au lieu d'entrées, nous parlons de **débit**. Au lieu de sorties, nous parlons de **crédit**. Par exemple, si je mets 100 euros dans la caisse, je dis que **je débite le compte caisse de** 100 euros. Si je sors 100 euros, **je crédite** le compte caisse **de** 100 euros. La différence entre le débit et le crédit s'appelle **le solde**. Si les débits sont supérieurs aux crédits, le solde est **débiteur**. Dans le cas contraire, on parle de solde **créditeur**. »

Compte caisse

Débit	Crédit
Ce qui entre dans la caisse	Ce qui sort de la caisse
Solde	

B. COMPTE DE RÉSULTAT

Dimitri Lacour : « À chaque **exercice**, c'est-à-dire chaque année, je dois établir **le compte de résultat**. Ce compte décrit ce que l'entreprise a dépensé et ce qu'elle a gagné pendant l'exercice. Nous parlons de **charges** et de **produits**.

Les charges correspondent à ce que l'entreprise a dépensé : les achats de marchandises, le loyer, les salaires du personnel, etc.

Les produits correspondent à ce que l'entreprise a gagné, c'est-à-dire principalement le chiffre d'affaires (ce qu'elle a vendu).

Compte de résultat

Charges	Produits
Ce que l'entreprise a dépensé pendant l'exercice	Ce que l'entreprise a gagné pendant l'exercice
Résultat	

Finalement, nous calculons **le résultat**, c'est-à-dire la différence entre les produits et les charges. Si le résultat est positif, c'est que l'entreprise a **réalisé un bénéfice (un profit)**. En revanche, si le résultat est négatif, c'est que nous avons réalisé **une perte**, et ce n'est évidemment pas une bonne chose. »

FAIRE LES COMPTES

EXERCICES

1 Entourez la bonne réponse.

Vous travaillez comme comptable dans une librairie.

1. Un client achète un livre au prix de 23,50 euros. Il règle en espèces. Vous |débitez| |créditez| le compte |banque| |caisse| de 23,50 euros.

2. Vous réglez par chèque une facture de 1 325 euros. Vous |débitez| |créditez| de 1 325 euros le compte |banque| |caisse| de la librairie.

2 Complétez les mentions manquantes.

1. Le compte de résultat décrit les produits et les charges de l'entreprise au cours de l' _____.
2. Les _____ sont en majeure partie les revenus que l'entreprise a retirés de son activité productive.
3. Les _____ recensent les dépenses.
4. La différence entre les produits et les charges donne le _____.
5. Si le résultat est positif, c'est un _____.
6. S'il est négatif, c'est une _____.

3 Éliminez les deux intrus.

Règlement des factures de téléphone – Frais de réparation – Amende payée au fisc
Salaires versés – Frais de transport – Paiement des loyers – Charges sociales
Achats de matières premières – Primes versées aux assurances – Production vendue
Plus-value réalisée sur la vente d'un bien immobilier – Intérêts d'emprunts versés à la banque

4 Lisez les déclarations suivantes de Dimitri Lacour.

> Les entreprises doivent obligatoirement l'appliquer. Il est subdivisé en un certain nombre de comptes et de sous-comptes.

> Le solde d'un compte caisse n'est jamais créditeur.

1. De quoi parle-t-il ?
_____

2. Expliquez pourquoi.
_____
_____
_____

70 FAIRE LE BILAN

A. ACTIF

L'**actif** répond à une question fort importante : « Où est l'argent ? ». Il décrit tout ce que l'entreprise possède à un moment donné.

L'**actif immobilisé** comprend les biens durables (utilisés pendant au moins un an).
■ **Immobilisations incorporelles** : **frais** engagés au moment de la création de l'entreprise, brevets, marques, etc.
■ **Immobilisations corporelles** : tous les **biens matériels** que l'entreprise utilise durablement (terrains, immeubles, machines, etc.)
■ **Immobilisations financières** : parts sociales ou actions détenues par la société en vue de participer à la gestion ou au contrôle d'autres entreprises, prêts consentis (accordés) par la société à des tiers (autres personnes).

Actifs *Où est l'argent ?*
Actif immobilisé • Immobilisations incorporelles • Immobilisations corporelles • Immobilisations financières
Actif circulant • Stocks et en-cours • Créances • Valeurs mobilières de placement • Disponibilités

L'**actif circulant** comprend les **biens non durables**.
■ **Stocks et en cours** : matières premières, produits **en cours de** production, produits finis (prêts à être vendus) que l'entreprise a en stock.
■ **Créances** : principalement ce que les clients n'ont pas encore réglé.
■ **Valeurs mobilières de placement** : actions et obligations détenues par la société en vue de réaliser une plus-value.
■ **Disponibilités** : l'argent disponible, c'est-à-dire ce que l'entreprise a **en caisse** et sur des comptes bancaires.

B. PASSIF

Le **passif** répond à une autre grande question : « D'où vient l'argent ? ».

Les **capitaux propres** comprennent toutes les ressources non empruntées.
■ **Capital (social)** : ce que les associés ont apporté à la société, principalement à la création de l'entreprise.
■ **Réserves** : part des bénéfices qui est réinvestie dans l'entreprise.
■ **Résultat de l'exercice** : ce résultat peut être positif (bénéfice) ou négatif (perte). Le bénéfice sera ensuite **réparti** entre les réserves et la distribution de dividendes aux associés.

Passif *D'où vient l'argent ?*
Capitaux propres • Capital • Réserves • Résultat de l'exercice
Dettes • Dettes financières • Dettes d'exploitation

Les **dettes**
■ **Dettes financières** : émission d'emprunt obligataire, emprunt bancaire, etc.
■ **Dettes d'exploitation** : dettes envers les fournisseurs, **avances** versées par des clients, dettes vis-à-vis du **fisc** (administration des impôts), etc.

FAIRE LE BILAN

EXERCICES

1 Les bilans suivants appartiennent à trois entreprises différentes.

Dites lequel appartient à :
– un hypermarché.
⇒ Bilan ...
– un équipementier automobile.
⇒ Bilan ...
– une société financière (une holding).
⇒ Bilan ...

Vous ne voyez que l'actif.

	BILAN A (actif)	BILAN B (actif)	BILAN C (actif)
Actif immobilisé			
• Immobilisations incorporelles	115	163	108
• Immobilisations corporelles	1 652	378	280
• Immobilisations financières	74	43	898
Actif circulant			
• Stocks	717	854	8
• Créances	301	118	176
• Valeurs mobilières de placement	10	44	264
• Disponibilités	2	1	5
Total	2 871	1 601	1 739

2 À l'aide des informations ci-dessous, faites le bilan de la société Cibox.

BILAN CIBOX

ACTIF		PASSIF	
Actif immobilisé		**Capitaux propres**	
• Immobilisations incorporelles	*38*	• _____	...
• _____	...	• _____	...
Actif circulant		**Dettes**	
• _____	...	• _____	...
• _____	...	• _____	...
• _____	...		
Total	200	**Total**	200

1. Les brevets d'invention de Cibox sont estimés à **38**.
2. Les biens d'équipement (machines, matériel) valent **103**.
3. Les matières premières et les produits finis, d'une valeur de **32**, sont entreposés dans le magasin.
4. Les clients de Cibox doivent au total **21**.
5. Le montant des liquidités (compte courant et caisse) s'élève à **6**.
6. À la création de la société, il y a 5 ans, les associés ont apporté **85**. Il n'y a pas eu de nouveaux apports.
7. Depuis la création de la société, **26** de bénéfices n'ont pas été distribués aux actionnaires.
8. Il reste **69** à rembourser à la banque.
9. Cibox doit encore **20** à divers fournisseurs.

SAVOIR-FAIRE

A. FAIRE LE BON CHOIX

1. Vous devez annoncer une mauvaise nouvelle à un client. Comment commencez-vous votre courrier ?

☐ **a.** Nous sommes désolés de…
☐ **b.** Nous avons le regret de…
☐ **c.** Nous sommes tristes de…

2. Vous envoyez un devis. Quelle formule employez-vous ?

☐ **a.** Vous trouverez ci-joint le devis.
☐ **b.** Je vous prie de m'envoyer le devis.
☐ **c.** J'attache le devis au-dessus.

3. Comment terminez-vous un courrier envoyé à un client ?

☐ **a.** Cordialement
☐ **b.** Sincèrement
☐ **c.** Salutations

4. Vous souhaitez connaître les différents points qui seront traités à la prochaine réunion. Quel document consultez-vous ?

☐ **a.** L'ordre du jour
☐ **b.** L'exposé
☐ **c.** L'agenda

5. Vous souhaitez qu'on reporte la réunion de demain. Que dites-vous pour justifier ce report ?

☐ **a.** La salle de réunion est spacieuse.
☐ **b.** Ma présence n'est pas nécessaire.
☐ **c.** J'ai un empêchement à cette heure-là.

6. Vous animez une réunion. Les participants parlent de leurs vacances et du beau temps. Que dites-vous ?

☐ **a.** En résumé, vous dites que…
☐ **b.** Revenons à notre sujet, s'il vous plaît.
☐ **c.** Que voulez-vous dire par là ?

7. Vous arrivez en retard à une réunion. Le directeur est en train de parler. « *Pour terminer, je présenterai le projet Pic. Mais voyons d'abord le premier point…* **», dit-il.**

☐ **a.** Nous sommes au milieu de la réunion.
☐ **b.** C'est bientôt la fin.
☐ **c.** La réunion vient de commencer.

8. Vous êtes en train de parler. Anne, une collègue, vous coupe la parole. Vous n'êtes pas content. Que dites-vous ?

☐ **a.** Je suis de ton avis.
☐ **b.** Anne, c'est à toi de parler.
☐ **c.** Tu permets que je termine ?

9. Vous voulez ajouter un dernier point à votre explication. Que dites-vous ?

☐ **a.** En fait…
☐ **b.** En définitive…
☐ **c.** En outre…

10. Votre collègue Michel participera à la prochaine négociation salariale. Qui sont les participants à cette négociation ?

☐ **a.** Un vendeur et un acheteur
☐ **b.** La direction et les syndicats
☐ **c.** Des diplomates

11. Votre collègue parle de la négociation en cours. « *On est dans l'impasse* **», explique-t-il. Que veut-il dire ?**

☐ **a.** Les participants sont sur la bonne voie.
☐ **b.** Ils cherchent un compromis.
☐ **c.** Il y a un blocage.

12. « *On a finalement trouvé un terrain d'entente* **», vous explique votre collègue. Que veut-il dire ?**

☐ **a.** Les participants sont tombés d'accord.
☐ **b.** Ils ont rompu les discussions.
☐ **c.** La négociation a échoué.

SAVOIR-FAIRE

B. ÉCOUTER ET PARLER

44 Nathalie Weber, de l'agence Bontour, téléphone à Télétel. Écoutez et/ou lisez ci-dessous l'entretien.

a. Quel est l'objet de l'appel ? Quel est le problème ? Que demande Nathalie Weber à la fin de l'entretien ?

b. Jouez à deux un entretien similaire.

– Télétel, Céline Fort, bonjour.
– Bonjour, je voudrais parler à monsieur Bertin, s'il vous plaît ?
– C'est de la part de qui ?
– Je suis Nathalie Weber, de l'agence Bontour.
– C'est à quel sujet ?
– J'appelle au sujet de la réunion de jeudi.
– Un instant, s'il vous plaît, je vous passe monsieur Bertin.
(Quelques instants plus tard)
– Je regrette, mais le poste ne répond pas. Voulez-vous laisser un message ?
– Oui, s'il vous plaît. Pouvez-vous demander à monsieur Bertin de me rappeler ? Il a mon numéro.
– Entendu, je n'y manquerai pas.
– Merci. Au revoir.

C. LIRE ET RÉAGIR

Le texte suivant est extrait d'un article sur la communication interne dans l'entreprise.
Lisez-le. Quelle question soulève-t-il ? Donnez votre point de vue.

D'après une note de l'Institut Picard, les managers passent de cinq à vingt heures par semaine à lire et à écrire des emails. Pour l'Institut, les réseaux sociaux seraient des outils de communication bien plus efficaces que l'email. Postés sur une plateforme, les documents sont soumis aux modifications des collaborateurs. Toutes ces modifications sont archivées : il est donc possible de voir qui a fait quoi à quelle heure et de revenir à la version antérieure.

Marc Lanvin, directeur général de Datacom, un cabinet de conseil spécialisé dans la communication en entreprise, n'est pas du même avis. *« Utiliser un "mur" plutôt que des emails pour commenter un document présente plusieurs inconvénients*, explique-t-il. *D'abord, il faut le consulter régulièrement pour voir les modifications. Ensuite, ce qu'on écrit est tracé et stocké, ce qui empêche les échanges informels, voire les discussions entre collègues. »*

À côté des emails, Marc Lanvin défend aussi l'utilité des réunions. *« À condition qu'elles soient bien organisées »*, précise-t-il. *« Se parler en face à face est aussi un excellent moyen de communication »*, ajoute-t-il.

ENTREPRISES

A. FAIRE LE BON CHOIX

1. Vous discutez avec votre directeur.
« *Nous allons privilégier la croissance interne* », vous annonce-t-il. Que souhaite-t-il faire ?
❑ **a.** Racheter d'autres entreprises
❑ **b.** Développer l'entreprise localement
❑ **c.** Accroître l'activité propre de l'entreprise

2. Depuis un an, l'entreprise de monsieur Bernardin est insolvable. Que lui conseillez-vous de faire ?
❑ **a.** Déposer le bilan
❑ **b.** Moderniser les installations
❑ **c.** Rembourser les dettes

3. Jean-Luc est plombier et il travaille à son propre compte. À quelle catégorie d'actifs appartient-il ?
❑ **a.** Commerçant
❑ **b.** Artisan
❑ **c.** Profession libérale

4. Monsieur De Villeroy dirige Semico, une entreprise de nettoyage. « *Je suis très accessible, la porte de mon bureau est toujours ouverte* », affirme-t-il. Que veut-il dire ?
❑ **a.** Chez Semico, on ne perd pas de temps.
❑ **b.** La distance hiérarchique est courte.
❑ **c.** Le statut social n'a pas d'importance.

5. « *Coca-Cola est une entreprise industrielle* », vous dit votre collègue et ami Max.
❑ **a.** Max a raison.
❑ **b.** Il a tort.

6. Max dit : « *La Croix rouge est une entreprise publique.* »
❑ **a.** Il a raison.
❑ **b.** Il a tort.

7. Question de Max : « *Un ouvrier peut-il travailler dans le secteur tertiaire ?* »
Votre réponse :
❑ **a.** Oui
❑ **b.** Non

8. Max, encore : « *Une société est une personne juridique.* »
❑ **a.** Il a raison.
❑ **b.** Il a tort.

9. Max : « *À quoi est due la faillite de la société Ixtel ?* » Votre réponse :
❑ **a.** Il faut restructurer l'entreprise.
❑ **b.** L'entreprise était mal gérée.
❑ **c.** Elle cessera bientôt ses activités.

B. ÉCOUTER ET PARLER

1 🎧 45 Clara Gautier travaille comme assistante de direction dans une entreprise de transport. Nous lui avons posé des questions sur son entreprise et sur son travail.

a. Écoutez l'interview et notez les questions
Il y a six questions.
1. Dans quelle entreprise travaillez-vous ?
2. Combien…

b. Écoutez une seconde fois l'interview et notez des éléments de réponse.
Puis comparez avec votre voisin.

2 Lisez ci-dessous la transcription de l'interview et vérifiez vos réponses à l'exercice 1. Puis pratiquez à deux une interview similaire. Quand vous répondez, donnez de véritables informations sur vous-même.

– Dans quelle entreprise travaillez-vous ?
– Je travaille pour les Transports Boulard. Nous louons des véhicules industriels avec chauffeurs. L'entreprise existe depuis vingt ans. C'est une entreprise de taille moyenne. Il y a deux ans, nous avons acheté un concurrent et maintenant, au total, nous sommes une soixantaine de salariés.
– Combien d'heures travaillez-vous par semaine ?
– Je fais mes 35 heures. En France, la durée légale de travail est de 35 heures. Au-delà ce sont des heures supplémentaires et je ne fais pas d'heures supplémentaires.
– Quels sont vos horaires de travail ?
– Moi, j'arrive toujours à 9 heures et je pars à 17 heures. À midi, je fais une pause d'une heure pour déjeuner. Nous avons un système d'horaires variables, certains arrivent et partent plus ou moins tard. Ce qui ne nous empêche pas de commencer les réunions à l'heure. Ici, il faut être ponctuel.
– Quels vêtements portez-vous au travail ?
– Je m'habille comme tout le monde, plutôt décontracté. Même le patron est souvent en jean.
– Est-ce que vous tutoyez le patron ?
– Non, je le vouvoie. Mais je tutoie la plupart de mes collègues.
– Que diriez-vous de l'ambiance de travail ?
– Elle est plutôt bonne. Je m'entends bien avec mes collègues. La direction est ouverte et très accessible. Je n'ai pas à me plaindre.

C. LIRE ET ÉCRIRE

1 Lisez les brèves ci-dessous sur la vie des entreprises. Puis répondez aux questions.

La vie des entreprises

SECTEURS D'ACTIVITÉ

Situations contrastées

Le secteur de l'automobile subit un nouveau ralentissement. Depuis le début de l'année, les ventes de voitures neuves ont reculé de 6 %. De même, depuis l'été, le secteur des transports et de la logistique ainsi que la construction montrent des signes de ralentissement. En revanche, l'informatique et les télécommunications poursuivent leur progression sur des marchés très concurrentiels, mais en forte croissance.

ÉLECTRONIQUE

Lens : Pas de repreneur pour Framont

À Lens, l'usine du fabricant canadien de semi-conducteurs Framont et ses 600 salariés n'ont pas trouvé de repreneur. Au début de l'année, la direction avait annoncé son projet d'arrêter la production de tranches de silicium, jugées obsolètes. L'usine fermera définitivement ses portes dans deux mois.

1. Quels sont les secteurs d'activité qui se portent le mieux ? le plus mal ?
2. À qui appartient l'usine de Lens ?
3. Pourquoi a-t-il été décidé de fermer l'usine ?
4. Quelles seront les conséquences de la fermeture de l'usine sur l'emploi ?

2 Écrivez une brève de 300-350 mots concernant une ou plusieurs entreprises de votre pays.

RESSOURCES HUMAINES

A. FAIRE LE BON CHOIX

1. Un nouveau système informatique vient d'être installé dans votre entreprise. « *Je n'arrive pas à utiliser le nouveau logiciel* », vous dit un collègue. Quel conseil lui donnez-vous ?

   ❏ **a.** Tu devrais écrire une thèse.
   ❏ **b.** Tu devrais demander une formation.
   ❏ **c.** Tu devrais t'inscrire à l'université.

2. Vous souhaitez payer moins d'impôts. À qui demandez-vous conseil ?

   ❏ **a.** À un conseiller fiscal.
   ❏ **b.** À un contrôleur de gestion.
   ❏ **c.** À un analyste financier.

3. « *La situation de l'emploi se dégrade* », lisez-vous dans votre journal. Est-ce une bonne nouvelle ?

   ❏ **a.** Oui.
   ❏ **b.** Non.
   ❏ **c.** Ni oui ni non.

4. Vous avez trouvé un nouvel emploi et vous souhaitez quitter votre entreprise. Quel type de lettre écrivez-vous ?

   ❏ **a.** Une lettre de licenciement.
   ❏ **b.** Une lettre d'engagement.
   ❏ **c.** Une lettre de démission.

5. Chez Mobica, un fabricant de meubles, certains vendeurs manquent de motivation. Pour les motiver, quelle partie de leur rémunération faudrait-il augmenter ?

   ❏ **a.** Le salaire fixe.
   ❏ **b.** Les commissions.
   ❏ **c.** La prime d'ancienneté.

6. Jacques est contremaître dans l'entreprise Induca. À votre avis, quelle est l'activité d'Induca ?

   ❏ **a.** C'est un cabinet de consultants.
   ❏ **b.** Une agence de voyages.
   ❏ **c.** Un fabricant de matériel électrique.

7. Chez Peugeot, les ouvriers d'une usine sont en grève. Que demandent-ils ?

   ❏ **a.** Une voiture de fonction.
   ❏ **b.** Une revalorisation de leur salaire.
   ❏ **c.** Un bureau paysager.

8. Un ami vous suggère de postuler à un poste à pourvoir dans son entreprise. « *Tu as toutes les qualités requises* », précise-t-il.

   ❏ **a.** Il a confiance en vos qualités extraprofessionnelles.
   ❏ **b.** Il pense que vous avez le profil.
   ❏ **c.** Il veut dire que c'est un bon boulot.

B. ÉCOUTER ET PARLER

1 🎧 46 Écoutez l'extrait d'un entretien d'embauche entre une recruteuse et Jacky Dubois, consultant informatique. Puis répondez aux questions.

1. Quelle est la formation de Jacky Dubois ?
2. Dans quel pays est-il parti après ses études ? Pour quelle raison ? Où a-t-il travaillé ?
3. En quoi consiste son travail actuel ?

RESSOURCES HUMAINES

2 Lisez ci-dessous la transcription de l'entretien et vérifiez vos réponses à l'exercice 1.
Puis répondez pour vous-même à la question du recruteur.

– Pouvez-vous me parler de vous ?
– J'ai fait des études d'informatique à l'Université de Liège, en Belgique. Après mes études, je suis parti à Madrid, en Espagne. Je voulais absolument avoir une expérience professionnelle à l'étranger et puis, comme ma mère est espagnole, je parle la langue et je voulais aussi un peu retrouver mes origines. À Madrid, j'ai trouvé un emploi chez Décathlon, comme responsable du rayon tennis. Je suis un bon joueur de tennis, j'étais dans mon élément. Je suis resté un an et puis je suis revenu en Belgique. J'ai été embauché par le cabinet Paul Delattre, comme ingénieur commercial en nouvelles technologies. Ça fait cinq ans que je suis chez Paul Delattre. Nos clients sont de grands groupes comme GDF ou Saint-Gobain. Mon travail consiste à comprendre les besoins des clients en systèmes d'information et à leur apporter la réponse la mieux adaptée. Dans la pratique, je les rencontre, je comprends les technologies qu'ils utilisent, quelles sont leurs problématiques et puis je constitue une équipe pour la mission.

C. LIRE ET RÉAGIR

1 L'article suivant porte sur le travail dans des bureaux collectifs, qu'on appelle des *open spaces*.
Lisez-le et relevez les avantages et les inconvénients de cet aménagement de l'espace.

2 Et vous, travaillez-vous ou avez-vous travaillé en *open space* ? Qu'en pensez-vous ?
Quelles sont vos « astuces » pour bien travailler dans ce type de bureau ?

L'*open space* est-il la solution ?

Avec l'explosion des prix des loyers dans les grandes villes, les entreprises ont abattu les cloisons pour installer leurs salariés dans des bureaux collectifs, plus connus sous le nom d'*open space*. Cette organisation de l'espace ne fait pourtant pas l'unanimité.

Le bruit, d'abord, nuirait à la productivité. Avec les allées et venues, les appels téléphoniques, certains salariés ont du mal à se concentrer. Aux problèmes de concentration s'ajoute le sentiment d'être épié. « *Les collègues regardent en permanence ce qu'on est en train de faire* », se plaint Romain. Enfin, la proximité peut créer des tensions. C'est ainsi que Romain se plaint aussi de ne plus supporter le parfum de sa collègue.

Mais l'*open space* n'a pas que des détracteurs. Les jeunes notamment y sont favorables. « *Dans un open space, on ne s'embête pas*, explique Marine, *on voit tout ce qui se passe, ce n'est pas comme si on était dans un bureau individuel. Et puis, c'est super pour le relationnel, on communique beaucoup.* »

Selon Odile Duchenne, auteur de *La Vie au bureau*, l'*open space* présente de nombreux avantages. Mais à certaines conditions. « *Si on prévoit entre 12 et 15 m² par personne, une bonne insonorisation, de la lumière et de la climatisation, de petits caissons pour ranger ses affaires, l'open space peut être très agréable*, assure Odile Duchenne. *Mais le problème, c'est que les entreprises cherchent à réduire les coûts en économisant sur tout ce qui pourrait apporter du confort à cet espace de travail.* »

cent cinquante-cinq • 155

PRODUCTION

A. FAIRE LE BON CHOIX

1. Votre collègue Michel compose des chansons. Quel type de revenus pourrait-il recevoir grâce à ses chansons ?

❏ **a.** Des droits d'auteur
❏ **b.** Des redevances

2. Michel a inventé un instrument de musique intelligent. Il a peur qu'on lui vole son invention. Que doit-il faire ?

❏ **a.** Déposer un brevet
❏ **b.** Déposer la marque
❏ **c.** Exploiter son invention

3. Votre entreprise va confier une partie de sa production à un sous-traitant. Quel document faut-il rédiger ?

❏ **a.** Un contrat de licence
❏ **b.** Un contrat de vente
❏ **c.** Un cahier des charges

4. Françoise de la Courneuve se présente aux élections présidentielles. Que promet-elle aux 40 millions d'électeurs et de consommateurs potentiels ?

❏ **a.** Des gains de productivité
❏ **b.** Une baisse des coûts de production
❏ **c.** Plus de pouvoir d'achat

5. Lucie est une chercheuse universitaire. « *Mes recherches sur le génome humain restent très théoriques* », explique-t-elle. Que fait Lucie ?

❏ **a.** Du développement de produit
❏ **b.** De la recherche appliquée
❏ **c.** De la recherche fondamentale

6. Catherine est accusée d'espionnage industriel. Elle a collecté de précieuses informations chez un concurrent. Que peut-elle dire pour se défendre ?

❏ **a.** J'ai contrôlé la fiabilité des informations.
❏ **b.** J'ai fait de la veille technologique.
❏ **c.** C'est de la recherche et développement.

7. Vous souhaitez connaître le montant des stocks de l'entrepôt. Que faites-vous ?

❏ **a.** Le stockage
❏ **b.** L'inventaire
❏ **c.** L'approvisionnement

8. Michel s'y connaît en économie. « *Le PIB d'un pays, c'est ce que ce pays possède* », vous explique-t-il.

❏ **a.** Il a raison.
❏ **b.** Il a tort.

B. ÉCOUTER ET RÉAGIR

47 Barna Wozniak, expert en technologie, est convaincu que l'énergie solaire est notre avenir. Nous l'avons interviewé. Écoutez et répondez aux questions suivantes.

D'après Barna Wozniak :

1. Quels sont les avantages de l'énergie solaire ?

2. Quel est l'inconvénient principal du nucléaire ?

PRODUCTION

2 Lisez ci-dessous la déclaration de Barna Wozniak et vérifiez vos réponses à l'exercice 1. Puis donnez votre avis.

– Pourquoi êtes-vous si sûr du succès de l'énergie solaire ?
– Il y a 20 ans, on n'imaginait pas que les technologies de l'information se développeraient ainsi, de façon exponentielle. C'est pareil pour l'énergie solaire. Nous assistons au même processus d'accélération. L'énergie solaire va devenir plus puissante et moins chère et les entreprises l'utiliseront parce que c'est dans leur intérêt.

On se désintéresse toujours des technologies quand elles démarrent. Mais l'énergie solaire présente de tels avantages que son succès est évident : elle est abondante, gratuite, propre, nous savons la convertir. Au contraire, l'énergie nucléaire est ultra centralisée, obsolète et surtout très dangereuse. Je déconseillerais à quiconque d'investir dans le nucléaire. D'ici 20 ans, l'énergie solaire satisfera pratiquement 100 % de nos besoins.

C. PARLER ET LIRE

1 Aujourd'hui, on constate que le nombre d'accidents du travail recule, mais que les maladies professionnelles sont de plus en plus nombreuses. Comment expliquez-vous ce constat ?

2 Lisez l'article suivant et vérifiez votre réponse à la question de l'exercice 1.

Forte hausse des maladies professionnelles

Le nombre d'accidents du travail a reculé de 7,5 % par rapport à l'année précédente, avec 651 000 accidents déclarés. La fréquence des accidents est tombée à 36 accidents pour 1 000 salariés, son plus bas niveau historique. Le chômage et la réduction de l'activité dans des secteurs comme la construction ou la métallurgie – 20 % des effectifs salariés aujourd'hui contre 36 % dans les années 1950 – ainsi que les actions de prévention expliquent cette amélioration.

Les maladies professionnelles, quant à elles, ont fait un bond de 9 % en un an. Les tâches de plus en plus répétitives et le stress sont les principaux responsables de l'augmentation des troubles musculo-squelettiques (TMS : douleurs cervicales, tendinites de l'épaule, arthrose du coude, etc.), lesquels représentent 80 % des affections. Les salariés de la construction, de l'industrie ou de la distribution demeurent les plus touchés, car plus que les autres, ils sont susceptibles d'effectuer des gestes répétitifs ou de prendre des postures inconfortables.

ÉVALUATION ET COMMUNICATION

MARKETING

A. FAIRE LE BON CHOIX

1. Avant de lancer un nouveau produit, vous souhaitez étudier concrètement les réactions des consommateurs. Que réalisez-vous ?

- ❏ **a.** Un sondage
- ❏ **b.** Un marché test
- ❏ **c.** Une opération de promotion

2. Votre produit ne peut intéresser qu'un groupe très restreint de consommateurs. Que choisissez-vous de cibler ?

- ❏ **a.** Une niche
- ❏ **b.** Un échantillon
- ❏ **c.** Un marché de masse

3. « *Mido, c'est la garantie de bien dormir* », dit le slogan. Quel est le positionnement des matelas Mido ?

- ❏ **a.** Le prix
- ❏ **b.** La résistance
- ❏ **c.** Le confort

4. Les ventes de matelas Mido sont importantes, mais elles ne progressent plus. À quelle phase du cycle de vie se trouve le produit ?

- ❏ **a.** La croissance
- ❏ **b.** La maturité
- ❏ **c.** Le déclin

5. Le responsable marketing cherche à augmenter la notoriété de la marque Mido. Pourquoi ?

- ❏ **a.** La marque n'est pas assez connue.
- ❏ **b.** L'image de la marque n'est pas bonne.
- ❏ **c.** Les consommateurs n'ont pas confiance.

6. « *Au-delà de 1,30 €, nos petits pains se vendent difficilement* », explique le boulanger. À quel prix se réfère-t-il ?

- ❏ **a.** Au prix d'appel
- ❏ **b.** Au prix de lancement
- ❏ **c.** Au prix d'acceptabilité

7. Vous vendez du matériel de cuisine pour les restaurateurs. Par quel moyen de communication faites-vous connaître vos produits ?

- ❏ **a.** Affichage dans le métro
- ❏ **b.** Participation à des salons professionnels
- ❏ **c.** Parrainage d'un tournoi de tennis

8. Pierre est vendeur dans un magasin de vêtements. « *C'est trop cher* », lui dit un client. Que doit répondre Pierre ?

- ❏ **a.** Au contraire, c'est très avantageux.
- ❏ **b.** Nous n'avons pas moins cher.
- ❏ **c.** Cher par rapport à quoi ?

B. ÉCOUTER

1 🎧 **48** Léo Bazin est conseiller en communication. Écoutez-le parler de la publicité à la radio.

1. D'après lui, quel est l'objectif principal du message publicitaire à la radio ?
2. Combien de temps dure le message ? Quelles en sont les trois parties ?

2 🎧 **49** Écoutez un message publicitaire concernant le restaurant *Chez Loïc*.

Vous rappelez-vous la petite histoire ? l'information commerciale ? le slogan ?

MARKETING

3 Lisez ci-dessous la déclaration de Léo Bazin ainsi que le message publicitaire et vérifiez vos réponses aux exercices 1 et 2.

1.
Pour les annonceurs, la radio est faite pour annoncer une promotion ou une information commerciale spécifique. C'est le média privilégié pour déclencher l'acte d'achat. Vous écoutez la radio dans votre voiture, en route pour le supermarché, et on vous donne le prix du kilo de tomates. Le message est rapide, il dure 20 secondes ou 30 maximum.
D'abord, on vous raconte une petite histoire et puis on vous donne le prix du kilo de tomates et pour terminer on vous met un petit slogan dans la tête.

2.
– Dis-moi, c'est drôlement bon ici.
– François, tu sais quoi ? Je t'adore quand tu manges chez Loïc.
– Ah bon !
– Tu as l'air si heureux, ça fait trois fois que tu reprends du buffet.
– Ben oui, c'est buffet à volonté.
– Et quand tu payes, tu as l'air si heureux.
– Ça ne coûte que 14,90 euros, tu sais.
– 14,90 euros ! Oh, François, c'est que du bonheur !
Pendant tout le mois de mars, tous les soirs, tous les jours, chez Loïc, c'est buffet à volonté, pour 14,90 euros seulement. Chez Loïc, c'est que du bonheur !

C. LIRE

Lisez cet article sur les yaourts Danone, puis répondez aux questions.

Quand Danone révolutionne ses yaourts

En 2012, les pots de yaourt de Danone changent de look : ils deviennent plus élancés, plus modernes, avec un fond arrondi. « *L'emballage est un outil essentiel pour se distinguer des autres* », explique Olivier Delaméa, le directeur général de Danone Produits Frais France. Parallèlement, Danone repense l'ensemble du rayon ultra frais, qui représente 3 % de l'activité d'un hypermarché. Les étagères sont repeintes en noir, des diodes électroluminescentes remplacent les néons, les pots de yaourt deviennent ainsi plus visibles. Ceux de Danone comme ceux des concurrents. Les distributeurs acceptent facilement ces modifications. Tout d'abord, parce qu'elles sont financées en partie par Danone et ensuite parce que le rayon frais est déterminant pour le consommateur français dans le choix d'un hyper. 70 % des clients font leurs courses quand il n'y a plus de yaourts au réfrigérateur.

1. En quoi a consisté la révolution de Danone ?
2. Quels changements Danone a-t-il apporté chez les distributeurs ?
3. Pourquoi les distributeurs ont-ils facilement accepté ces changements ?

ACHAT ET VENTE

A. FAIRE LE BON CHOIX

1. Vous êtes le client. « *La maison ne fait pas crédit* », vous dit le vendeur. Comment devez-vous payer ?
❏ **a.** Au comptant
❏ **b.** À terme

2. « *Nous livrons franco de port* », vous dit le vendeur. Devez-vous payer le transport ?
❏ **a.** Oui
❏ **b.** Non

3. Vous commandez un lot de chaises référencées CH98PY. Quel est le moyen le plus rapide de passer commande ?
❏ **a.** Écrire une lettre de commande
❏ **b.** Remplir un bon de commande

4. Vous avez commandé des chaises rouges. Vous recevez des chaises roses. Que pouvez-vous demander ?
❏ **a.** Un escompte
❏ **b.** Un rabais
❏ **c.** Une remise

5. Vous recevez une facture. Quel montant devez-vous payer ?
❏ **a.** Le total HT
❏ **b.** Le total TTC

6. Il y a une erreur sur la facture. Vous faites une réclamation. Comment *commencez-vous* votre courrier ?
❏ **a.** J'ai bien reçu la facture n°…
❏ **b.** Il y a une erreur dans la facture n°…
❏ **c.** Nous vous prions de nous faire parvenir une facture rectificative.

7. Vous écrivez un courrier de réclamation concernant l'erreur de facturation. Dans quel ordre utiliserez-vous les mots suivants ?
❏ **a.** Donc… Or…
❏ **b.** Or… Donc

8. Vous travaillez au service facturation. Un client a du retard dans le paiement de sa facture. Que faites-vous ?
❏ **a.** Je lui accorde une ristourne.
❏ **b.** Je lui envoie une lettre de rappel.
❏ **c.** Je règle la facture.

9. Au cours d'une campagne électorale, un candidat propose de relever les taxes sur certains produits importés. Que veut-il augmenter ?
❏ **a.** Les contingentements
❏ **b.** Les normes techniques
❏ **c.** Les droits de douane

B. ÉCOUTER

Mireille Leblanc travaille dans un magasin de décoration pour la maison. Elle téléphone à un fournisseur au sujet d'un retard de livraison. Écoutez le début de cet entretien.

1. Quelles sont les références de la commande ? Sur quoi porte-t-elle ?

2. Au moment de l'appel, de combien de jours est le retard et où se trouve la marchandise ?

ACHAT ET VENTE

2 Lisez ci-dessous la transcription de l'entretien téléphonique et vérifiez vos réponses à l'exercice 1.

– Magasin Borido, bonjour.
– Bonjour, Mireille Blanc à l'appareil, de Gattaz. J'appelle au sujet d'une commande.
– Pouvez-vous me rappeler les références de la commande, madame ?
– Oui, alors, c'est… une commande du 19 mars… GJ 9877.
– GJ 9877. Un instant, s'il vous plaît… Une commande de 30 rideaux fenêtre ?
– C'est ça, nous devions recevoir la marchandise le 25 mars, il y a trois jours, il n'y a toujours rien.
– En effet, excusez-nous, nous avons eu un petit problème avec le fournisseur, mais la marchandise est partie ce matin, vous devriez être livrée demain. Vous n'avez par reçu de message ?
– Non, rien.

C. ÉCRIRE

Mettez-vous à la place de Mireille Blanc. Au lieu de téléphoner, écrivez un courrier de réclamation au magasin Borido. Écrivez environ 250 mots. Commencez ainsi :

> *Bonjour,*
> *Je me réfère à notre commande du…*

D. LIRE

La société Tom Joule vend des vêtements pour hommes, femmes et enfants. Vous avez commandé en ligne une veste *Belmont* en solde. Vous venez de recevoir une veste *Harriet*. Vous souhaitez demander l'échange.

Lisez l'article 7 des conditions de vente et répondez aux questions.

Article 7 – Échange des produits

TOM JOULE accepte l'échange de tout article acheté sur www.tom-joule.fr si celui-ci est retourné à TOM JOULE dans un délai de 4 (quatre) semaines à compter de la date de réception de sa commande par l'Acheteur. Cependant, les produits achetés en solde ne pourront être retournés au-delà d'un délai de 14 (quatorze) jours.

Les frais liés à une nouvelle livraison de produits sont à la charge de l'Acheteur, excepté en cas de défaut de conformité des produits livrés par rapport à la commande.

Vous devez retourner le produit avec le Bon de retour à détacher du Bon de Livraison

---

1. Dans quel délai devez-vous retourner la veste *Harriet* ?

❏ 2 semaines ❏ 4 semaines

2. Devez-vous payer l'envoi de la veste *Belmont* ?

❏ Oui ❏ Non

3. Quel document devez-vous joindre à l'envoi de la veste *Belmont* ?

❏ Un bon de retour ❏ Un bon de livraison

RÈGLES DU JEU

A. FAIRE LE BON CHOIX

1. Vous assistez au procès d'un faux-monnayeur. De quoi est-il accusé ?
- a. De contrefaçon
- b. De racket
- c. D'escroquerie

2. Une personne de votre entreprise est soupçonnée de délit d'initié. Qui est-ce ?
- a. Michel Delarue, le patron
- b. Barbara, la réceptionniste
- c. Pauline Fortin, l'assistante de communication

3. Pour remporter un contrat, Paul a payé un pot-de-vin. « *C'est illégal* », lui reproche son patron. Pourquoi serait-ce illégal ?
- a. C'est une contrefaçon.
- b. C'est une escroquerie.
- c. C'est un acte de corruption.

4. Votre ami Max veut placer son épargne dans des « entreprises socialement responsables ». Que lui suggérez-vous ?
- a. Un fonds éthique
- b. Un détournement de fonds
- c. Un blanchiment d'argent

5. Vous travaillez à la Commission de la concurrence. Vous soupçonnez trois entreprises du bâtiment de s'être mises d'accord pour se partager le marché. Que devez-vous prouver ?
- a. L'entente
- b. Le monopole
- c. Le dumping

6. Vous avez été victime d'une escroquerie. L'escroc est arrêté et poursuivi en justice. Que demandez-vous en réparation du préjudice que vous avez subi ?
- a. Des dommages et intérêts
- b. Une amende
- c. Une aide d'État

7. L'association *Artisans du monde* se bat pour que les petits producteurs des pays pauvres soient correctement rémunérés. Que défend l'association ?
- a. La libre concurrence
- b. Le développement durable
- c. Le commerce équitable

B. ÉCOUTER

1. 🎧 51 Les affirmations suivantes concernent la contrebande de cigarettes en France. Lisez-les, puis écoutez un reportage sur le sujet et dites si elles sont vraies ou fausses.

	VRAI	FAUX
1. En France, le tabac contrefait se vend à un tiers du prix légal.	☐	☐
2. On peut trouver facilement des cigarettes de contrefaçon.	☐	☐
3. Les fumeurs avouent facilement qu'ils achètent du tabac contrefait.	☐	☐
4. Les cigarettes contrefaites proviennent surtout d'Amérique latine.	☐	☐
5. Les trafics de tabac sont en constante diminution.	☐	☐
6. Le tabac contrefait est de qualité égale au tabac original.	☐	☐

2 Lisez ci-dessous la transcription du reportage et vérifiez vos réponses à l'exercice 1.

A : D'après une étude publiée par un cabinet spécialisé, 16 % des cigarettes fumées par les Français viendraient de la contrebande. À Lille, notre correspondante, Marion Pêcheur.
B : Une cigarette sur six que l'on fume en France est issue de la contrebande ou de la contrefaçon. Les Français ont ainsi grillé plus de 10 milliards de cigarettes clandestines. Ce genre de tabac se vend à moitié prix et il n'est pas difficile à trouver. Parmi les fumeurs, comme Julien, on n'a plus honte de dire qu'on achète des cigarettes contrefaites.
C : Comme c'est moins cher, quand on n'a pas trop d'argent, si on est au chômage, on peut acheter un paquet pour deux fois moins cher, même si on sait que c'est dangereux, on est obligé en fait.
B : Majoritairement fabriquées en Asie, les cigarettes de contrefaçon inondent le marché français, et notamment les grandes villes comme Lille, Marseille ou Paris. Mais d'après Françoise Monnier, experte au Laboratoire national de métrologie, le tabac de contrefaçon est truffé de substances encore plus nocives pour la santé.
D : Nos analyses ont trouvé toutes sortes de substances, comme du bois, du plastique fondu, de l'antigel et même des déjections d'insectes. Ce tabac est beaucoup plus dangereux que le tabac original.
B : Avec la hausse du prix du tabac, ces trafics se sont multipliés d'année en année. Cette année, les douanes ont détruit 460 tonnes de tabac illégal, c'est 30 % de plus que l'année passée.

C. LIRE

1 On parle beaucoup de l'éthique des entreprises. On dit que les entreprises seraient de plus en plus « socialement responsables ». À votre avis, est-ce la réalité ? Pouvez-vous donner des exemples concrets ?

2 L'article suivant explique pourquoi l'éthique des entreprises ne serait pas une réalité. D'après cet article, qui seraient les trois « responsables » ?

Entreprises responsables : les limites de la vertu

La responsabilité sociale des entreprises (RSE) suscite un intérêt croissant. L'éthique est au programme des écoles de commerce. De nombreuses entreprises adhèrent à des chartes de bonne conduite dans le domaine du respect des droits de l'homme, des pratiques salariales et du respect de l'environnement. Mais dans la pratique, les choses changent peu.

Les travailleurs des pays pauvres continuent à travailler de longues heures pour des salaires de misère. Les entreprises dites « socialement responsables » obligent leurs petits fournisseurs du tiers-monde à maintenir des prix toujours plus bas. Avec une telle pression, ces petits fournisseurs ne peuvent pas payer décemment les travailleurs. De leur côté, les consommateurs regardent le prix et la qualité du produit. Ils ne veulent pas payer plus pour un produit étiqueté « socialement responsable ». Les marchés boursiers, quant à eux, demeurent indifférents à la RSE. Le cours d'une action ne dépend pas de la responsabilité sociale des entreprises et une entreprise n'est pas plus rentable parce qu'elle est socialement responsable.

ARGENT, FINANCE

A. FAIRE LE BON CHOIX

1. Vous voulez savoir combien il reste sur votre compte courant. Quel document consultez-vous ?
❏ **a.** Le relevé de compte
❏ **b.** Le compte d'épargne
❏ **c.** Le compte de résultat

2. Vous devez envoyer de l'argent à un fournisseur chinois. Que faites-vous ?
❏ **a.** Un chèque
❏ **b.** Un dépôt
❏ **c.** Un virement

3. En ce moment, les taux d'intérêt sont très bas. Qui en profite ?
❏ **a.** Les emprunteurs
❏ **b.** Les prêteurs

4. Votre ami Max envisage de prêter 2 000 euros à sa collègue Catherine. Que lui conseillez-vous de vérifier ?
❏ **a.** Le coût de l'hypothèque
❏ **b.** La solvabilité de Catherine

5. L'entreprise de William est située à Bruxelles, mais il souhaite transférer le siège social à Louvain. Quel document doit-il modifier ?
❏ **a.** La police
❏ **b.** Le bilan
❏ **c.** Les statuts

6. La société KM3, dont vous êtes actionnaire, vient de procéder à une augmentation de capital. Qu'est-ce que cette opération entraîne ?
❏ **a.** Une augmentation de la dette
❏ **b.** Une émission de nouvelles actions
❏ **c.** Le paiement d'intérêts

7. Bien que vous ne déteniez que 15 % du capital de KM3, aucune décision importante ne peut être prise sans votre accord. Qui êtes-vous ?
❏ **a.** Un actionnaire majoritaire
❏ **b.** U actionnaire minoritaire
❏ **c.** Un actionnaire de référence

8. Vous vendez en bourse des actions à un prix supérieur à leur prix d'achat. Que réalisez-vous ?
❏ **a.** Un bénéfice
❏ **b.** Un excédent
❏ **c.** Une plus-value

9. Votre conseiller financier vous déconseille de placer votre épargne en bourse. « *En ce moment*, explique-t-il, *le marché est trop volatile* ». Que veut-il dire ?
❏ **a.** Il y a trop de fluctuations
❏ **b.** Il n'y a pas de tendance claire
❏ **c.** Le marché est orienté à la baisse

B. ÉCOUTER

1 Vous souhaitez rembourser un crédit bancaire de manière anticipée. À votre avis, est-ce possible ? Est-ce gratuit ? Dans quelles conditions ?

2 🎧 52 Écoutez Pauline Imbert, conseillère financière à la Banque du Nord. Que répond-elle aux questions de l'exercice 1 ?

ARGENT, FINANCE

3 Lisez ci-dessous la déclaration de Pauline Imbert et vérifiez vos réponses à l'exercice 2.

– Peut-on rembourser un crédit bancaire de manière anticipée ?
– C'est possible, mais à condition que ce soit expressément prévu par le contrat, ce qui est souvent le cas. Généralement, il est prévu dans le contrat de prêt que l'emprunteur a la faculté de rembourser de manière anticipée. Il faut donc voir le contrat, c'est lui qui définit les conditions. Le plus souvent, ce n'est pas gratuit. Une clause prévoit des frais en cas de remboursement anticipé. Ce qu'il faut faire, c'est négocier la possibilité et les conditions contractuelles d'un remboursement anticipé au moment de passer le contrat.

C. LIRE

1 Lisez l'article suivant sur les résultats des entreprises du CAC 40. Les paragraphes sont dans le désordre. Mettez-les dans l'ordre.

Les entreprises du CAC 40 publient des résultats rassurants

❏ Ces résultats s'expliquent aussi par les efforts de restructuration de certaines sociétés, comme Lafarge ou Saint-Gobain. Ces sociétés ont su faire face à la crise et à la volatilité des commandes. Elles ont réduit leurs coûts, notamment en réduisant leurs effectifs et en faisant pression sur leurs sous-traitants, lesquels, au final, sont ceux qui souffrent le plus.

❏ Sans surprise, les groupes les plus internationalisés ont bien résisté à la baisse de leur activité en Europe. Ils continuent de tirer profit de la croissance des pays émergents. C'est le cas, par exemple, de PPR et de LVMH dans le secteur du luxe, d'EADS, de Safran dans l'aéronautique, du pharmacien Sanofi ou encore d'Essilor, leader mondial des verres ophtalmiques.

1 Les trois quarts des entreprises du CAC40 (indice constitué des 40 plus grosses capitalisations boursières françaises cotées à Paris) viennent de publier leurs résultats du premier semestre. Ils sont plutôt rassurants. Certes les profits sont un peu décevants, mais les volumes d'activités sont globalement au-dessus des pronostics.

❏ En revanche, certains groupes, comme Carrefour ou Peugeot, qui n'ont pas su s'adapter ou réagir assez vite, affichent des résultats médiocres. On constate ainsi que sur un marché de plus en plus concurrentiel, la stratégie choisie par les dirigeants demeure primordiale.

2 D'après l'article ci-dessus, les affirmations suivantes sont-elles vraies ou fausses ?

	VRAI	FAUX
1. Les chiffres d'affaires des entreprises du CAC 40 sont globalement meilleurs que prévu.	❏	❏
2. Les bénéfices sont globalement meilleurs qu'attendu.	❏	❏
3. Des entreprises comme LVMH ou Essilor ont réussi à accroître leur chiffre d'affaires sur les marchés européens.	❏	❏
4. Lafarge, Saint-Gobain et leurs sous-traitants ont dû licencier.	❏	❏
5. Les résultats des entreprises dépendent uniquement de la situation économique.	❏	❏

INDEX

La catégorie grammaticale du mot
est indiquée entre parenthèses ainsi que le genre des noms.
Les chiffres renvoient aux numéros des leçons.

n. = nom
m. = masculin
loc. = locution
v. = verbe

adv. = adverbe
f. = féminin
adj. = adjectif

A

à l'appareil (loc.) 6
à l'étranger (loc.) 56
à l'ordre de (loc.) 59
à la pointe (loc.) 33
abordable (adj.) 45
aboutir (v.) 13, 15
absent (adj.) 5, 6
absentéisme (n.m.) 40
absorber (v.) 21
absorption (n.f.) 21
abstrait (adj.) 15
accéder (v.) 5, 52
acceptable (adj.) 45
accès (n.m.) 5, 52
accident (n.m.) 40, 68
accord (n.m.) 13, 14, 15, 29, 32
– accord de libre-échange 56
accorder (v.) 62, 30, 54
accueillir (v.) 50
achat (n.m.) 47
– achat en ligne 52
acheter (v.) 54
acheteur/euse (n.) 42, 48
acquérir (v.) 26
acquisition (n.f.) 60
actif (adj.), 24, 67
actif (n.m.) 18, 27, 70
– actif circulant 70
– actif immobilisé 70
action (n.f.) 63, 64, 65
– action à vote double 64
– action au porteur 64
– action nominative 64
– action ordinaire 64
– action sans droit de vote 64
– émettre des actions 66
actionnaire (n.m.) 31, 63, 64
– actionnaire de référence 64
– actionnaire majoritaire 64
– actionnaire minoritaire 64
activité (n.f.) 18, 41
– secteur d'activité 18
– activité économique 41
– activité extra-professionnelle 28
adhérer à (v.) 32

administrateur (n.m.) 31
administration des impôts (n.f.) 59
adresser (v.) 53
aération (n.f.) 40
aéré (adj.) 40
affaire (n.f.) 13, 15
– conclure une affaire 13
– faire des affaires 15
affichage (n.m.) 10, 46
affiche publicitaire (n.f.) 46
affichette (n.f.) 46
agence (n.f.), 16
– agence bancaire 61
– agence de publicité 16, 46
– agence de voyage 17, 16
– agence matrimoniale 16
agenda (n.m.) 8
agent (n.m.) 42, 23
– agent économique 42
– agent immobilier 23
agir (v.) 15
agrément (n.m.) 36
agricole (adj.) 16, 17, 18
agroalimentaire (adj.) 17, 18
aide d'État (n.f.) 60
aide publique (n.f.) 60
allée (n.f.) 48
ambiance de travail (n.f.) 40
aménagement (n.m.) 48
aménager (v.) 19
amende (n.f.) 59, 60
analyste financier (n.m.) 23, 65
anecdote (n.f.) 12
animé (adj.) 67
animer (v.) 3
annonce (n.f.) 28, 46
– annonce publicitaire (n.f.) 46
– petite annonce 28
annoncer (v.) 6
annonceur (n.m.) 46
annuaire (n.m.) 5
annuler (v.) 2, 8
appel (n.m.) 5
appeler (v.) 5, 6
application industrielle (n.f.) 36, 37
apport (n.m.) 63
– apport en nature 63

– apport en numéraire 63
apporter (v.) 63
apprenti (n.m.) 17
apprentissage (n.m.) 17
– en apprentissage 17
approuver (v.) 64
approvisionner (v.) 39, 61
s'approvisionner (v.) 39
appuyer (v.) 5, 7
ardu (adj.) 24
argent (n.m.) 15, 58, 61
– argent sale 58
– déposer de l'argent 61
– gagner de l'argent 15
arranger (v.) 8
article (n.m.) 44, 52, 53
artisan (n.m.) 17
artisanal (adj.) 17, 18
assemblage (n.m.) 38
assemblée générale (n.f.) 1, 64
assembler (v.) 38
assistance (n.f.) 49
assister à (v.) 2
associé (n.m.) 63
s'associer (v.) 17
assurance (n.f.) 18, 68
– assurance de biens 68
– assurance de personnes 68
– assurance de responsabilité 68
– assurance maladie 68
– assurance vie 68
– contracter une assurance 68
assuré (n. et adj.) 68
s'assurer (v.) 68
assureur (n.m.) 68
atelier (n.m.) 21, 25, 31
– atelier flexible 34
attaché(e) commercial(e) (n.) 23
attention (n.f.)
mobiliser l'attention (n.f.) 12
attractif (adj.) 45
audioconférence (n.f.) 1
audit (n.m.) 23
auditoire (n.m.) 12
augmentation (n.f.) 32
– augmentation de capital 63
augmenter (v.) 41, 66

INDEX

aussi (adv.) 12
autofinancement (n.m.) 63
automatisé (adj.) 34
autorité (n.f.) 31
– sous l'autorité de 31
avancée (n.f.) 13
avancer (v.) 2, 8, 13
avantageux (adj.) 14, 45
averti (adj.) 67
aviation (n.f.) 16
avis (n.m.) 4
– à mon avis 4
avocat (n.m.) 63

B

B2B [business to business] (loc.) 52
B2C [business to consumer] (loc.) 52
baccalauréat (n.m.) 26
baisse (n.f.) 66
baissier (adj.) 67
balance commerciale (n.f.) 56
bancaire (adj.) 18, 61
banque (n.f.) 22
bas (adj.) 62
bas de gamme (loc.) 44
bâtiment (n.m.) 25
battant(e) (n. et adj.) 15
bavard(e) (n. et adj.) 12
bénéfice (n.m.) 30, 64, 69
bénéficiaire (n. et adj.) 68
bénéficier de (v.) 54
bénévole (adj.) 24
bénévolement (adv.) 24
besoin (n.m.) 44, 50
bien (n.m.) 16
– bien d'équipement 33
– bien de production 33, 35
– bien durable 33
– bien immobilier 62
– bien intermédiaire 33
– bien matériel 70
– bien non durable 33
– assurance de biens (n.f.) 68
bijouterie (n.f.) 49
bilan (n.m.) 70
– déposer son bilan 22
billet (adj.) 61
biotechnologie (n.f.) 18
bip [sonore] (n.m.) 5
blanchiment (n.m.) 58
blanchir (v.) 58
blocage (n.m.) 13
bloc-notes (n.m.) 2
bon de commande (n.m.) 53
bon de réduction (n.m.) 47
bonus (n.m.) 30
bosser (v.) 24
bosseur/euse (n.) 24
boucherie (n.f.) 49
boulangerie (n.f.) 49
boulot (n.m.) 24
bourse (n.f.) 59, 67
– à la bourse 59, 65
– en bourse 65
– clôture de la bourse (n.f.) 66
– coter en bourse (v.) 59, 63, 66
boutique (n.f.) 49

bouton (n.m.) 10
bradé (adj.) 45
brevet (n.m.) 37
– déposer un brevet 37
– dépôt de brevet 37
brevetable 37
breveté (adj.) 37
brochure (n.f.) 46, 47
broker (n.m.) 67
bruit (n.m.) 40
bruyant (adj.) 40
budget (n.m.) 50
buffet (n.m.) 1
bulle financière (n.f.) 66
bulletin de salaire (n.m.) 30
bureau (n.m.) 25, 31
– bureau d'études 38
– bureau paysager 25
but (n.m.) 16

C

cabine téléphonique (n.f.) 5
cabinet de recrutement 28
cadre (n.m.) 30, 31, 56
– cadre administratif 31
– cadre commercial 31
– cadre export 56
– cadre moyen 31
– cadre supérieur 31
– cadre technique 31
cahier des charges (n.m.) 38
caisse (n.f.) 70
– caisse de retraite 67
– compte caisse (n.m.) 69
caissier/ière (n.) 23
calme (adj.) 67
campagne de promotion (n.f.) 47
campagne publicitaire (n.f.) 46
candidat(e) (n.) 26, 28
candidature (n.f.) 28
– poser sa candidature 28
cantine (n.f.) 25
capital (n.m.) 33, 63, 70
– capital circulant 33
– capital fixe 33
– capital propre 70
– capital social 63, 70
– capital technique 33
capoter 13
caractéristique (n.f.) 50
carnet de chèques (n.m.) 61
carnet de commandes (n.m.) 22
carrière (n.f.) 24
carrière professionnelle 24
– faire carrière 24
carriériste (n.) 24
carte (n.f.) 5, 47, 54, 61
– carte bancaire 54, 61
– carte de crédit 54
– carte de débit 54
– carte de fidélité 47
– carte téléphonique 5
cartel (n.m.) 60
catalogue (n.m.) 46, 52
cause (n.f.) 22
– remettre en cause (loc.) 14
causer (v.) 22

céder (v.) 13, 64
centre commercial (n.m.) 49
centre de recherche (n.m.) 36
cessation de paiement (n.f.) 22
cesser (v.) 22, 24
chaîne [de magasins] (n.f.) 49
chantage (n.m.) 58
– faire du chantage 13
charge (n.f.) 69
– à la charge de 68
– prendre en charge (loc.) 30, 54
– prendre la charge de 30, 54
chargé(e) (n. et adj.) 23
– chargé(e) de clientèle (n. et adj.) 23
– être chargé de (adj.) 23
chariot (n.m.) 52
charte d'éthique (n.f.) 57
chasseur de tête (n.m.) 28
chauffage (n.m.) 40
chauffé (adj.) 40
chef (n.m.) 23, 31, 49
– chef d'entreprise 23
– chef de la comptabilité 31
– chef de produit 23
– chef de rayon 49
– chef de service 31
– chef du personnel 31
chemin de fer (n.m.) 16, 17
chèque (n.m.) 54, 61
– carnet de chèques 61
– chèque sans provision 61
– encaisser un chèque 61
– faire un chèque 61
chéquier (n.m.) 61
chercheur/euse (n. et adj.) 36
chiffre (n.m.) 27
– chiffre d'affaires 16
– chiffre record 41
chômage (n.m.) 27
chômeur/euse (n.) 27
chute (n.f.) 41, 66
cible (n.f.) 43
cibler (v.) 43
cinéma (n.m.) 46
circuit de distribution (n.m.) 42
clandestin(e) (n. et adj.) 58
clarifier (v.) 3
classe (n.f.) 20
– classe affaires 20
– classe économique 20
clic (n.m.) 10
client(e) (n.) 22, 42, 55
– client actuel 42
– client potentiel 42
clientèle (n.f.) 23
climat de confiance (n.m.) 13
climatisation (n.f.) 25
cliquer (v.) 10
cloison (n.f.) 25
clôturer (v.) 66
cocktail (n.m.) 1
code (n.m.) 5
cœur du métier (n.m.) 38
coffre-fort (n.m.) 61
coiffeur/euse (n.) 49
collaborateur/trice (n.) 20
collecte (n.f.) 36
collecter (v.) 15

INDEX

colloque (n.m.) 1
commande (n.f.) 53
– carnet de commandes 22
– passer commande 53
– placer une commande 48
commander 53
commerçant(e) (n. et adj.) 49
commerce (n.m.) 18, 49, 52
– commerce électronique 52
– commerce équitable 57
– commerce international 56
– commerce intracommunautaire 60
– commerce solidaire 57
– petit commerce 49
commercial(e)/aux (n. et adj.) 13, 17, 47
commercialiser (v.) 44
commettre (v.) 59
commission (n.f.) 30
Commission de la concurrence 60
communication (n.f.) 41
– communication commerciale 46, 47
– communication externe 47
– communication interne 47
– communication téléphonique 5, 6
– couper une communication 7
communiqué de presse 47
compagnie (n.f.) 16, 68
– compagnie d'assurances 68
– compagnie d'aviation, 16
– compagnie de chemin de fer, 16
– compagnie de navigation, 16
compétence (n.f.) 28
compétitif 14, 33, 35
compétition (n.f.) 14
comportement (n.m.) 15
composer (v.) 5, 61
compromis (n.m.) 14
comptabilité (n.f.) 69
– tenir la comptabilité 69
comptable (adj. et n.) 23, 69
compte (n.m.) 22, 69
– compte bancaire 54
– compte caisse 69
– compte courant 61
– compte d'épargne 61
– compte de résultat 69
– compte rendu (n.m.) 3, 10
– pour le compte de 17, 31
concentration (n.f.) 21, 60
conception (n.f.) 38
concession (n.f.) 13, 14
concevoir (v.) 34
conclure (v.) 13
– pour conclure 12
conclusion (n.f.) 9, 11, 51
– en conclusion (loc.) 3, 12
concours (n.m.) 26, 47
concurrence (n.f.) 23, 35, 60
– libre concurrence 60
– Commission de la concurrence (n.f.) 60
concurrencer (v.) 42
concurrent(e) (n. et adj.) 42
concurrentiel (adj.) 42
condamner (v.) 58
condition (n.f.) 2, 40, 53, 54, 57
– condition de paiement 54
– condition de travail 40, 57
– condition de vente 53

– condition matérielle 2
conditionnement (n.m.) 44
conférence (n.f.)
– conférence de presse 11, 47
– faire une conférence 11
confiance (n.f.)
– faire confiance (loc.) 14
confidentiel (adj.) 38, 61
conflit (n.m.) 15, 32
– être en conflit 13
conforme (adj.)
– copie conforme 10
– produit conforme 38, 53
congé (n.m.) 30
– congé de maladie 40
– congé maternité 29
– congé payé 30
congrès (n.m.) 1
se connecter à (v.) 52
connaissance (n.f.)
– faire connaissance (loc.) 13
connexion (n.f.) 52
conseil d'administration 31, 64
conseiller (n.m.) 23, 61
– conseiller financier 61
– conseiller fiscal 23
consensus (n.m.) 15
consentir (v.) 62
consommateur (n.m.) 35, 42
– consommateur final 42
– consommateur intermédiaire 42
consommer (v.) 42
constitution (n.f.) 32
constructeur/trice (n. et adj.) 38
consulter (v.) 8, 28
contact (n.m.) 12
contestataire (adj. et n.) 12
contingentement (n.m.) 56
contracter (v.) 62, 68
contrat (n.m.) 29, 37, 38, 49, 68
– contrat à durée déterminée 29
– contrat d'assurance 68
– contrat de franchise 49
– contrat de licence 37
– contrat de sous-traitance 38
– contrat de travail 29
contrebande (n.f.) 58
contrebandier/ière (n.) 58
contrefaçon (n.f.) 58
contrefacteur (n.m.) 58
contrefaire (v.) 58
contremaître (n.m.) 31
contretemps (n.m.) 8
contrôle (n.m.)
– prendre le contrôle 21
– prise de contrôle (n.f.) 21
– prise de contrôle 21
contrôler (v.) 21
contrôleur/euse de gestion (n.) 23
convenir (v.) 8, 29
convention (n.f.) 29
convertir (v.) 65
convoquer 1, 28
coopératif (adj.) 14
coopération (n.f.) 14
coopérer (v.) 14
copie (n.f.) 10
corporel (adj.)

– accident corporel (n.m.) 68
– dommage corporel 68
– immobilisation corporelle 68
correspondant(e) (n. et adj.) 5, 6, 9
corrompre (v.) 57
corruption (n.f.) 57
costume cravate (n.m.) 20
coter [en bourse] (v.) 59, 63, 66
cotisation (n.f.) 68
coup de fil (n.m.) 5
coup de téléphone (n.m.) 5
courbe (n.f.) 43, 45
– courbe de la demande 45
– courbe de vie [d'un produit] 43
courriel (n.m.) 10
courrier électronique (n.m.) 10, 46
cours (n.m.) 26, 65, 66
– cours boursier 65, 66
– cours d'achat 65
– cours du soir 26
course (n.f.) 49
– faire des courses 49
courtage (n.m.) 67
courtier/ière (n.) 67
courtois (adj.) 15
coût (n.m.) 5
– à moindre coût 34
– coût de production 34, 35, 45
– coût de revient 45
– coût de stockage 39
– coût fixe 35
– coût variable 35
couvrir (v.) 68
créance (n.f.) 62, 70
créancier/ière (n.) 22, 62
– créancier obligataire 65
créateur/trice d'entreprise (n.) 21, 48
création (n.f.) 21
crédit (n.m.) 62, 69
– consentir un crédit 62
– acheter à crédit 54
– crédit immobilier 62
– faire crédit 54, 62
– prendre un crédit 62
– refuser un crédit 62
créditer (v.) 69
créditeur/trice (n.) 69
créneau (n.m.) 43
criminel(le) (n. et adj.) 58
crise (n.f.) 41
– en crise (loc.) 18
croissance (n.f.) 18, 21, 41, 43
– en pleine croissance (loc.) 21
croître 21
culture (n.f.) 15, 19, 20
CV (curriculum vitae) 28
cycle (n.m.) 41, 43
– cycle de vie 43
– cycle économique 41

D

date (n.f.) 2
– date d'expiration 53
de plus 12
débattre (v.) 1
débit (n.m.) 69
débiter (v.) 54, 69

INDEX

débiteur/trice (n.) 62, 69
débordé (adj.) 8
débouché (n.m.) 42
déboucher sur quelque chose. (v.) 4
débuter (v.) 13
déchet (n.m.) 40
décision (n.f.)
– prendre une décision 15
déclaration de sinistre (n.f.) 68
déclaré (adj.) 24
déclin [d'un produit] (n.m.) 43
décliner (v.) 43
décontracté (adj.) 15
découvert (n.m.)
– être à découvert 61
découverte (n.f.) 36
découvrir (v.) 36
décrocher (v.) 5, 26
– décrocher le téléphone 5
– décrocher un diplôme 26
déficit (n.m.) 56
déficitaire (adj.) 56
déflation (n.f.) 41
se dégrader (v.) 27
déjeuner d'affaires (n.m.) 15
délai (n.m.) 34
– dans les délais 39
– dans les meilleurs délais 53
– délai de livraison 53
– délai de paiement 54
– délai de préavis 29, 68
délibérer (v.) 1, 64
délinquance [informatique] (n.f.) 59
délit d'initié (n.m.) 59
délivrer (v.) 37, 61
délocaliser (v.) 56
demande (n.f.) 34, 45, 66
– demande d'emploi 28
demandeur/euse d'emploi (n.) 27
démarchage téléphonique (n.m.) 46
déménagement (n.m.) 25
déménager (v.) 25
démission (n.f.) 29
– donner sa démission 29
démissionner (v.) 29
démonstration sur le lieu
de vente (n.f.) 47
dépense courante (n.f.) 61
déplacement (n.m.)
– être en déplacement 6, 8
dépliant (n.m.) 46
déposer (v.) 37, 61
dépôt (n.m.)
– dépôt de brevet 37
– faire un dépôt 61
dépression (n.f.) 41
déprimé (adj.) 67
désignation (n.f.) 55
dessin (n.m.) 37
destinataire (n.) 9, 54
détaillant (n.m.) 42
au détail (loc.) 42
détendu (adj.) 12, 50
détenir (v.) 62
détenteur/trice (n.) 64
détournement de fonds (n.m.) 59
détourner (v.) 59
dette (n.f.) 22, 62, 70

– dette d'exploitation 70
– dette financière 70
développement (n.m.)
– développement [d'un produit] 36
– développement [d'un texte] 9
– développement durable 57
se développer (v.) 21
difficulté (n.f.) 18
– être en difficulté 18
digression (n.f.) 12
diplomatique (adj.) 13
diplôme (n.m.) 26
direct (adj.) 15
directeur/trice (n.) 31
– directeur administratif 31
– directeur commercial 26, 31
– directeur de la production 31, 34
– directeur des ressources humaines 31
– directeur du marketing 30
– directeur du personnel 26
– directeur général 31
– directeur technique 34
directif (adj.) 4
direction (n.f.) 31
– direction des ressources humaines 28
– direction du personnel 26
dirigeant(e) (n. et adj.) 31
diriger (v.) 24, 31
discipline (n.f.) 19
discours (n.m.) 11
– faire /prononcer un discours 11
discrimination (n.f.) 57
discriminer (v.) 57
disponibilité (n.f.) 70
disponible (adj.) 5, 8, 20, 50
disposer (v.) 2
disposition (n.f.) 2
distant (adj.) 20
distinctement (adv.) 12
distribuer (v.) 46, 64
distributeur (n.m.) 42
distributeur automatique 61
distribution (n.f.) 18, 42, 64
– circuit de distribution 42
– distribution de dividendes 64
– secteur de la distribution 18
diversifier (v.) 65
dividende (n.m.) 64
divulguer (v.) 38
doctorat (n.m.) 26
document (n.m.) 2, 10
domaine public (n.m.) 37
domicile (n.m.)
– à domicile 5, 25
dommage (n.m.) 58, 68
– dommage corporel 68
– dommage matériel 68
– réparer un dommage 68
– dommages-intérêts 58
donnée (n.f.) 52
donneur d'ordre (n.m.) 38
dossier (n.m.)
– dossier de crédit 62
douane (n.f.) 56
DRH [Directeur des ressources humaines] (n.m.) 28
drogue (n.f.) 58
droit (n.m.) 17, 26, 63, 64

– avoir droit à (loc.) 64
– avoir le droit de (loc.) 64
– droit communautaire 60
– droit d'auteur 37
– droit de douane 56
– droit de grève 32
– droit de propriété 37
– droit des sociétés 63
– droit de vote 64
– droit européen 60
dumping (n.m.) 60
dur (adj.) 24
durable (adj.) 33
durée (n.f.) 2, 62

E

s'écarter de (v.) 3
échange (n.m.) 3, 41
– libre-échange 56
– échange commercial 56
échantillon (n.m.) 43, 47
échéance (n.f.) 65
échec (n.m.) 13
échelon (n.m.) 20
échouer (v.) 13, 22
éclairage (n.m.) 40
éclairé (adj.) 2, 40
éclater (v.) 66
école (n.f.) 26
– école de commerce 26
– grande école 26
économie (n.f.) 42, 66
– économie de marché 42
– net économie 66
– nouvelle économie 66
économique (adj.) 50
écouler (v.) 39
écran (n.m.) 11
édition (n.f.) 10
effacer (v.) 5
efficace (adj.) 25
effondrement (n.m.) 66
s'effondrer (v.) 66
également (adv.) 12
élasticité-prix (n.f.) 45
élastique (adj.) 45
électrique (adj.) 33
élevage (n.m.) 17
élevé (adj.) 39, 45 62
élire (v.) 64
e-mail (n.m) 10, 46, 53
emballage (n.m.) 39, 44
embaucher (v.) 28
émetteur/trice (n. et adj.) 65
émettre (v.) 63, 65, 66
émission (n.f.)
– émission d'actions 63
– émission de radio 47
empêchement (n.m.) 2, 8
empirer (v.) 27
emploi (n.m.) 27
– création d'emploi 27
– emploi à plein temps 29
– emploi à temps partiel 29
– suppression d'emploi 27
employé(e) de bureau (n.) 23, 31
employer (v.) 31

cent soixante-neuf • 169

INDEX

employeur (n.m.) 28, 29, 31
emprunt (n.m) 62
– contracter un emprunt 62
– emprunt obligataire 65
– émettre un emprunt 65
– lancer un emprunt 65
emprunter (v.) 62
emprunteur/euse (n. et adj.) 62
en commun (loc.) 14
en cours (n.m.) 70
en définitive (loc.) 12
en fait (loc.) 12
en gros (loc.) 42
en nature 57, 63
en réalité (loc.) 12
encadrement (n.m.) 31
encadrer (v.) 31
encaisser (v.) 61
endetté (adj.) 22
endettement (n.m.) 22
énergie (n.f.) 33
enfin (adv.) 11
engagement (n.m.) 29
engager (v.) 13, 28
enjeu (n.m.) 13
ennuyeux (adj.) 4, 24
enquête de marché (n.f.) 43
enregistrer (v.) 5
enrichissant (adj.) 24
enseigne (n.f.) 46
ensuite (adv.) 11
entamer (v.) 13
entente (n.f.) 60
en-tête (n.m.) 9
entraîner (v.) 22
entraver (v.) 60
entreposer (v.) 39
entrepôt (n.m.) 39
entreprise (n.f.) 16, 17, 19, 20, 21, 22
– entreprise d'investissement 67
– entreprise individuelle 17
– entreprise privée 17
– entreprise publique 17
entretenu (adj.) 40
entretien (n.m.) 13, 39
– entretien d'embauche 28
– entretien de groupe 28
– entretien de vente 50, 51
environnement (n.m.) 40, 57
s'envoler (v.) 66
envoyer (v.) 10, 53
éolien (adj.) 33
épargne (n.f.) 65
épeler (v.) 7
épicerie (n.f.) 49
épicier/ière (n.) 49
épuisant (adj.) 24
équipe (n.f.) 34
équipement (n.m.) 33
équipementier (n.m.) 38
équiper (v.) 25, 34
équitable (adj.) 57
escompte (n.m.) 54
escroquer (v.) 59
espace de travail (n.m.) 25
espèces (n. f. pl.) 54
espionnage industriel (n.m.) 36
esprit maison (n.m.) 19

essai (n. m.) 36, 47
essor (n.m.) 21
en plein essor (loc.) 21
établir (v.) 55
établissement (n.m.) 16
état civil (n.m.) 28
État membre (n.m.) 60
éthique (n.f. et adj.) 57
étoile (n.f.) 5, 20
étude (n.f.) 26, 43
– étude de marché 43
– faire des études 26
étudiant(e) (n.) 23
évaluation (n.f.) 68
évaluer (v.) 40
évasion fiscale (n.f.) 59
évolution 34
excédent (n.m.) 56
excédentaire (adj.) 56
excessif (adj.) 45
exclusif (adj.) 37
exécuter (v.) 29
exercer (v.) 23, 60
exercice [comptable] (n.m.) 64, 69, 70
exonération d'impôt (n.f.) 60
exorbitant (adj.) 45
expansion (n.f.) 41
expédier (v.) 53
expéditeur/trice (n.) 9, 54
expédition (n.f.) 54
expérience (n.f.) 14, 26
– expérience professionnelle 28
expérimenté (adj.) 50, 56
expert(e) (n.m et adj.) 36, 68
expiration (n.f.) 29, 53
exploitation (n.f.) 16, 17, 37
– dette d'exploitation 70
– exploitation agricole 16
– exploitation minière 16
exploiter (v.) 37
explorer (v.) 52
exploser (v.) 66
exportateur (n. et adj.) 56
exportation (n.f.) 56
exporter (v.) 56
exposé (n.m.) 11
– faire un exposé 11
exposition (n.f.) 48
externalisation 38
externaliser (v.) 38
externe (adj.) 21

F

fabricant(e) (n.) 21, 30
fabrication (n.f.) 21
méthode de fabrication 38
fabriquer (v.) 21
face-à-face (n.m.) 2
– en face-à-face 2
facteur de productivité (n.m.) 35
facturation (n.f.) 53, 55
facturer (v.) 55
faculté (n.f.) 26
faiblesse (n.f.) 13
faillite (n.f.) 22
– être en faillite 22
– faire faillite 22

faire parvenir (loc.) 55
familial (adj.) 17
fastidieux (adj.) 24
fausser (v.) 60
faux billet (n.m.) 58
faux-monnayeur (n.m.) 58
femme d'affaires (n.f.) 2
feuille (n.f.) 9
fiabilité (n.f.) 36
fiable (adj.) 50
fiche de paie (n.f.) 30
fichier (n.m.) 10, 59
– fichier d'adresses 46
filiale (n.f.) 21
film publicitaire (n.m.) 46
finalement (adv.) 11, 12
financement (n.m.) 63
financer (v.) 63
financier (adj.) 65, 70
– analyste financier 65
– immobilisation financière 70
firme (n.f.) 16
fisc (n.m.) 59, 70
fiscal (adj.) 59
fixe (n.m. et adj.) 30
fixer (v.) 2, 8, 29
flamber (v.) 66
fleuriste (n.) 49
flexible (adj.) 38
– atelier flexible (n.m.) 34
fluctuation (n.f.) 41, 66
fluctuer (v.) 66
flux (n.m.) 39
à flux tendus 39
foire (n.f.) 48
fonceur (n.m.) 15
fonction (n.f.) 29
fondateur (n. et adj.) 21
fonds de pension (n.m.) 67
fonds éthique (n.m) 57
force (n.f.) 13
forfait (n.m.) 52
format (n.m.) 9, 10
formation (n.f.) 17, 26, 28
– formation continue 26
forme circulaire (n.f.) 2
formidable (adj.) 8
formulaire (n.m.) 53
formule de salutations (n.f.) 9
fort [parler __] (adv.) 12
fossile (n.m.) 33
fournisseur/euse (n.) 22, 39, 53
– fournisseur d'accès (n.m.) 52
au foyer (loc.) 27
frais (n.m.pl.) 30, 39, 54, 67
– frais de courtage 67
– frais de déplacement 30
– frais de port 54
– frais de stockage 39
– frais de transport 54
franchise 49, 68
franchisé(e) (n. et adj.) 49
franchiseur (n.m.) 49
franco (adv.) 54
– franco de port (loc.) 54
fraude fiscale (n.f.) 59
fraudeur/euse (n. et adj.) 59
frauduleux (adj.) 58

INDEX

fromagerie (n.f.) 49
fusion (n.f.) 21
fusionner (v.) 21

G

gagnant(e) (n. et adj.) 14
gagner (v.) 14
gagner sa vie 24
gain (n.m.) 14
– gain de productivité 35
gamme (n.f.) 44
garantie (n.f.) 62, 68
– obtenir une garantie 62
– prendre une garantie 62
garantir (v.) 68
garçon de café (n.m.) 23
géant(e) (n. et adj.) 16
gérer (v.) 3, 31, 39, 40
gestion (n.f.) 19, 31, 39
graphiste (n.m.) 25
gratuit (adj.) 47
grève (n.f.) 32
– grève de solidarité 32
– faire grève 32
– grève perlée 32
– grève sauvage 32
– grève sur le tas 32
– grève surprise 32
– piquet de grève 32
– se mettre en grève 32
gréviste (n.) 32
grossiste (n.) 42
groupe (n.m.) 21, 42
guide de conduite (n.m.) 57

H

habitude de consommation 56
hall (n.m.) 48
harassant (adj.) 24
hausse (n.f.) 40, 66
haussier (adj.) 67
haut de gamme (loc.) 44
hebdomadaire (adj.) 19
hésitant (adj.) 67
heure supplémentaire (n.f.) 29
hiérarchie (n.f.) 24
hiérarchique (adj.) 20, 31
homme d'affaires (n.m.) 2
horaire de travail (n.m.) 19, 32
hors sujet (loc.) 4
hôtel (n.m.) 20
hôtellerie (n.f.) 18
hôtesse (n.f.) 48
– hôtesse de l'air 23
HT (hors taxe) 55
sous huitaine (loc.) 55
hygiène (n.f.) 40
hypermarché (n.m.) 49
hypothèque (n.f.) 62
hypothéqué (adj.) 62

I

illégal (adj.) 32
imbattable (adj.) 45
immeuble (n.m.) 25
immobilier (adj.) 16, 18
immobilier (n.m. et adj.) 62
immobilisation (n.f.) 70
immobilisé (adj.) 70
imparti [temps __] (adj.) 12
impasse (n.f.) 13
impayé (adj.) 55
importateur/trice (n. et adj.) 56
importation (n.f.) 56
imposer (v.) 14
impôt (n.m.) 59
imprimé (n.m. et adj.) 46
imprimer (v.) 10
inaugurer (v.) 1
inclure (v.) 54
inconvénient (n.m.) 4
incorporel (adj.) 70
indécis (adj.) 67
indemniser (v.) 68
indemnité (n.f.) 68
– indemnité de chômage (n.f.) 27
indéterminé (adj.) 29
indicateur (n.m.) 27, 41
indicatif téléphonique (n.m.) 5
indice (n.m.) 66
indisponible (adj.) 6
industriel (adj.) 17, 18, 40
inflation (n.f.) 41
informaticien(ne) (n.) 34
information économique (n.f.) 59
informatique (adj.) 18, 34, 59
piratage informatique 59
pirate informatique 59
informatisé (adj.) 34
infraction (n.f.) 58
ingénieur (n.m.) 23, 24, 31
– ingénieur de production 38
innovation (n.f.) 36
innover (v.) 36
inscrire (v.) 4
s' inscrire (v.) 26
insérer (v.) 10, 61
insertion (n.f.) 10
insolvable (adj.) 22, 62
insonorisation (n.f.) 25
insonoriser (v.) 25
installation (n.f.) 21, 25, 48
– installation sanitaire (n.f.) 40
instaurer (v.) 14, 56
interculturel (adj.) 15
intéressement aux bénéfices (n.m.) 30
intérêt (n.m) 62
intérimaire (adj.) 29
interlocuteur/trice (n.) 13
intermédiaire (n. et adj.) 23, 33, 42
interminable (adj.) 4
s'internationaliser (v.) 56
internaute (n.) 52
interne (adj.) 21
Internet (n.m.) 46
intervenant(e) (n. et adj.) 11
intervention (n.f.) 11
intonation (n.f.) 12
Intranet (n.m.) 52
introduction (n.f.) 9, 11
inventaire (n.m.) 39
– faire l'inventaire 39

inventer (v.) 37
inventeur/trice (n.) 37
invention (n.f.) 37
investir (v.) 33
investissement (n.m.) 33
investisseur (n.m.) 67
– investisseur institutionnel 67

J

jeu (n.m.) 47
– jeu de la concurrence 60
job (n.m.) 24
joindre (v.) 6
joint (adj.) 10
journal d'entreprise (n.m.) 47
juriste d'entreprise (n.) 23
juste à temps (loc.) 39

K

know-how (n.m.) 49
krach (n.m.) 66

L

labo (n.m) 36
laboratoire (n.m.) 18, 36
lancement [d'un produit] (n.m.) 43
lancer (v.) 43, 65
langage (n.m.) 20
leader (n.m.) 21
lettre (n.f.) 9, 28, 29, 46, 53, 55
– lettre d'affaires 9
– lettre d'embauche 29
– lettre d'engagement 29
– lettre de motivation 28
– lettre de rappel 55
– lettre de réclamation 53
– lettre de vente 46
– lettre publicitaire 46
libéralisation (n.f.) 41
librairie (n.f.) 49
libre (adj.) 8
– libre-échange (n.m.) 56
licence (n.f.) 37
licenciement 29
licencier (v.) 29
lieu (n.m.) 2
lieu de travail 25
en premier lieu (loc.) 11
ligne (n.f.) 11
– ligne téléphonique (n.f.) 7
– en ligne (loc.) 46, 52, 53
– être en ligne 6
– mettre en ligne 6
liquide (n.m. et adj.) 67
– en liquide 54
liquidité (n.f.) 67
livraison (n.f.) 39, 53
livre de comptabilité (n.m.) 69
livrer (v.) 38, 53
local (adj.) 16
– local de travail (n.m.) 32

cent soixante et onze • 171

INDEX

localisé (adj.) 41
location (n.f.) 48
logiciel (n.m.) 52
logique (adj.) 15
logo (n.m) 37, 44
loi (n.f.) 58
louer (v.) 48, 61
lucratif (adj.) 16
lycéen (n.m.) 26

M

magasin (n.m.) 39
– grand magasin 49
– magasin en libre service 44
– faire les magasins 25
mail (n.m) 10
mailing (n.m.) 46
main-d'œuvre (n.f.) 35, 56
maintenance (n.f.) 39
maison de courtage (n.f.) 67
majoritaire (adj.) 21
maladie professionnelle (n.f.) 40
malentendu (n.m.) 15
management (n.m.) 31
manager (n.m.) 31
manifestation commerciale (n.f.) 48
manifester (v.) 27
manuel (adj.) 17
manutention (n.f.) 39
marchand(e) (n. et adj.) 49
marchandise (n.f.) 39, 53
marché (n.m.) 23, 42, 56, 60
– cibler un marché 43
– économic de marché (n.f.) 42
– marché actif 67
– marché animé 67
– marché baissier 67
– marché boursier 65
– marché calme 67
– marché de l'emploi 27
– marché déprimé 67
– marché du travail 27
– marché haussier 67
– marché hésitant 67
– marché indécis 67
– marché liquide 67
– marché obligataire 65
– marché porteur 67
– marché stable 67
– marché volatile 67
– tendance du marché 67
marge (n.f.) 9, 45
marketing (n.m.) 30
– marketing direct 46
marque (n.f.) 37, 44
– marque de distributeur 44
– marque de fabrique 44
– marque de producteur 44
– nom de marque 44
matériel (n. m.) 11, 70
– matériel lumineux 46
– matériel sonore 46
matériel(le) (adj.)
– dommage matériel 68
matière première (n.f.) 18, 33, 39
matrimonial (adj.) 16
maturité [d'un produit] (n.f.) 43

maximiser (v.) 14
média (n.m.) 18
média de masse 46
se méfier (v.) 15
membre (n.m.) 1
ménage (n.m.) 35
menu (n.m.), 5
menuisier/ière (n.m.) 17
message (n.m.) 6, 7, 10
– laisser un message 6, 7
– transmettre un message 7
– message publicitaire 46
messagerie vocale (n.f.) 5
mesure de prévention (n.f.) 40
méthode de fabrication (n.f.) 38
métier (n.m.) 17, 23
– métier de base 38
micro (n.m.) 11
milieu (n.m.) 36, 58
– milieu des affaires 58
– milieu scientifique 36
minier (adj.) 16, 18
minimiser (v.) 14
minuscule (adj.) 25
mode de vie (n.m) 56
modèle (n.m.) 37
modéliste (n.) 23
modéré (adj.) 45
moderniser (v.) 21
moins-value (n.f.) 65
mondialisation (n.f.) 41
monopole (n.m.) 60
– exercer un monopole 60
– monopole d'exploitation 37
monotone (adj.) 12
montant (n.m.) 55
monter (v.) 41, 66
– monter en flèche 66
mot-clé (n.m.) 52
moteur de recherche (n.m.) 52
motif (n.m.) 29
motivé (adj.) 35
mou (adj.) 4
moyen de financement (n.m.) 63
moyen de paiement (n.m.) 54
multinationale (n.f. et adj.) 16
mutation (n.f.) 36
mutuellement (ad(v.) 14

N

nationalisation (n.f.) 17
nationaliser (v.) 17
navigateur (n.m.) 52
navigation (n.f.) 16
naviguer (v.) 52
négociable (adj.) 64
négociateur/trice (n.) 13
négociation (n.f.) 13
mener une négociation 13
négocier (v.) 64
net à payer (n.m.) 55
net-économie (n.f.) 66
niche (n.f.) 43
niveau (n.m.) 62
– niveau de vie 35
– niveau des stocks 39
– niveau hiérarchique 31

– niveau des taux d'intérêt 62
nom de marque (n.m.) 44
nomination (n.f.) 64
norme technique (n.f.) 56
note (n.f.) 3
– prendre des notes 3
notoriété (n.f.) 44
nucléaire (adj.) 33
nuisance (n.f.) 40
nul (adj.) 41
numéraire (n.m. et adj.) 63
– en numéraire 63
numéro de téléphone (n.m.) 6
– faire un numéro 7

O

objectif (n.m.) 12, 13, 15, 23, 34
objection (n.f.) 51
objet (n.m.) 9, 10
obligataire (n. et adj.) 65
obligation (n.f.) 29, 65
– obligation convertible en actions 65
– obligation d'achat 47
– obligation d'État 65
– émettre des obligations 65
obligatoire (adj.) 40
obsolescence (n.f.) 36
obsolète (adj.) 36
occasionner (v.) 22
occupation des locaux (n.f.) 32
œuvre (n.f.) 37
offre (n.f.) 45, 47, 66
– offre d'emploi 28
OPCVM (organisme de placement collectif en valeurs mobilières) 67
opération bancaire (n.f.) 61
opposition (n.f.)
– faire opposition 61
ordinateur (n.m.) 11, 34
ordre de bourse (n.m.) 67
– validité d'un ordre de bourse 67
– ordre du jour 2, 3, 67
organigramme (n.m.) 31
organisateur/trice (n.) 48
organisé (adj.) 35
original (adj.) 50
outil (n.m.) 10
– outil de production 35
en outre (loc.) 12
ouverture (n.f.)
– ouverture de la négociation 13
– ouverture de la bourse 66
ouvrier (n.m.) 17, 26, 31, 34
ouvrir (v.) 61, 66

P

packaging (n.m.) 44
paiement (n.m.) 54
– cessation de paiement (n.f.) 22
– rappel de paiement (n.m.) 55
papeterie (n.f.) 49
paradis fiscal (n.m.) 59
paragraphe (n.m.) 9
parcours professionnel (n.m.) 24
parfumerie (n.f.) 49
parking (n.m.) 25

INDEX

parole (n.f.)
– demander la parole 3
– monopoliser la parole 4
– passer la parole 4
– prendre la parole 11
– temps de parole 3, 4
parrainage (n.m.) 47
parrainer (v.) 47
part sociale (n.f.) 63
partager (v.) 4, 25
partenariat (n.m.)
– en partenariat 36
participant(e) (n. et adj.) 2
participation (n.f.) 21
– prendre une participation 21
– prise de participation (n.f.) 21
participer (v.) 1, 48
partie (n.f.) 11
partiel (adj.) 29
parvenir (v.) 13
passif (n.m.) 70
passionnant (adj.) 24
passionné (adj.) 15
patienter (v.) 6
pâtisserie 49
pause (n.f.)
– faire une pause 12
payer (v.) 54, 55
– net à payer (n.m.) 55
– payer au comptant 54
– payer en espèces 54
– payer en liquide 54
payeur/euse (n.)
– mauvais payeur 55
P-DG (président-directeur général) (n.m) 31
pénible (adj.) 24
percevoir (v.) 64
perdant (n. et adj.) 14
performant (adj.) 15
période d'essai (n.f.) 29
personne juridique 17
personnel (n.m.) 31
perte (n.f.) 22, 69
perte de temps 4
pertinent (adj.) 43
perturbateur (n. et adj.) 12
pétrolier (adj.) 18
pharmaceutique (adj.) 18
pharmacie (n.f.) 49
phase (n.f.) 36, 41, 43
phoning (n.m.) 46
PIB (produit intérieur brut) (n.m.) 41
pic (n.m.) 66
pièce (n.f.) 10
– pièce détachée 38, 39
– pièce jointe (n.f.) 10
– piquet de grève (n.m.) 32
piratage informatique (n.m.) 59
placement (n.m.) 65
– placement à risques 65
– placement de bon père de famille 65
– placement obligataire 65
placer (v.)
– placer une commande 48
– placer son épargne 57, 65
plafonner (v.) 43
plaisir [avoir le __ de] 9
plan (n.m.) 11, 48

– plan comptable 69
– plan de restructuration 22
planning (n.m.) 19
plat (adj.) 20
plombier (n.m.) 17
plus-value (n.f.)
– réaliser une plus-value 65
PLV [publicité sur le lieu de vente] (n.f.) 46
PME [petite ou moyenne entreprise] (n.f.) 16
pochette (n.f.) 48
point (n.m.) 1, 4, 13, 14, 36, 45, 46, 47
– faire le point 1, 13
– mettre au point (loc.) 36, 47
– mise au point (n.f.) 36
– point de vente 46
– point de vue (n.m.) 4, 13, 14
– point mort 45
pointer (v.) 19
pointeuse (n.f.) 19
poissonnerie (n.f.) 49
police d'assurance (n.f.) 68
polluer (v.) 40
pollution (n.f.) 40
ponctualité (n.f.) 19
ponctuel (adj.) 19
population active (n.f.) 27
port (n.m.) 40, 54
portable (n.m.) 6
porte à porte (n.m.) 24
portefeuille (n.m.) 23, 65
– portefeuille de clients 23
– portefeuille de valeurs mobilières 65
porter sur qqch. (v.) 11
porteur/euse (n. et adj.) 18, 64, 67
– porteur/euse à domicile (n.) 46
position (n.f.) 14, 61
– position dominante 60
positionnement (n.m.) 44
positionner (v.) 44
poste (n.m.) 26, 28
– occuper un poste 26
– poste de direction 31
– poste téléphonique 6
posté (adj.) 34
postuler (v.) 28
pot-de-vin (n.m.) 57
potentiel (adj.) 42
pourboire (n.m.) 30
poursuivre [en justice] (v.) 58
pouvoir d'achat (n.m.) 35
pragmatique (adj.) 15
pratique (adj.) 50
pratiquer (v.) 26, 36
préavis (n.m.) 29, 32, 68
préjudice (n.m.) 58, 68
prélèvement automatique (n.m.) 61
prenant (adj.) 24
prendre en charge (loc.) 30, 54
preneur/euse d'ordre (n.) 38
prescription (n.f.) 40
présence (n.f.) 2
présentation (n.f.) 11
présenter (v.) 11, 48
préserver (v.) 40
président(e) (n.) 31
présider (v.) 31
presse (n.f.) 46
presser (v.) 5

prêt (n.m.) 62, 63
prêter (v.) 62
prêteur/euse (n. et adj.) 62
preuve (n.f.) 60
prévenir (v.) 40
prévention (n.f.) 40
mesure de prévention 40
prier [qqn. de faire qqch.] (v.) 9
primaire (adj.) 18
prime (n.f.) 30, 68
– accorder une prime 30
– prime d'ancienneté 30
– prime d'assiduité 30
– prime d'assurance 68
– prime de nuit 30
– prime de productivité 30
– prime de rendement 30
pris (adj.) 8
prise de contrôle (n.f.) 21
prise de participation (n.f.) 21
privatisation (n.f.) 17
privatiser (v.) 17
privé (adj.) 17
prix (n.m.) 44, 45, 47
– prix abordable 45
– prix administré 45
– prix attractif 45
– prix bradé 45
– prix d'acceptabilité 45
– prix d'appel 45
– prix de lancement 45
– prix de marché 45
– prix exorbitant 45
– prix imbattable 45
– prix sacrifié 45
– prix HT (hors taxes) 55
– prix TTC (toutes taxes comprises) 45, 55
– prix unitaire 55
procédé de fabrication (n.m.) 36
procédure (n.f.) 56
– procédure de recrutement 28
processus de production (n.m.) 33, 34
proche (adj.) 20
producteur (n. et adj.) 42
productif (adj.) 4, 35
production (n.f.) 33, 34, 41
– production à l'unité 34
– production à la chaîne 34
– production de masse 34
– production en continu 34
– production en grande série 34
– production en petite série 34
productivité (n.f.) 35
produire (v.) 16, 34
produit (n.m.) 34, 44, 50, 69
– produit alimentaire 21, 49
– produit courant 44
– produit d'entretien 49
– produit de base 33
– produit de marque 44
– produit fini 39
– produit générique 44
– produit semi-fini 39
– produit standardisé 34
profession (n.f.) 23, 24
professionnel (n. et adj.) 17
profil (n.m.) 28
profit (n.m.) 69

cent soixante-treize • 173

INDEX

au profit de (loc.) 29
programmer (v.) 2
progrès (n.m.) 41
– progrès technologique 36
progresser (v.) 41, 43
prohiber (v.) 60
projet (n.m.) 14
promotion (n.f.) 47
promotionnel (adj.) 47
promouvoir (v.) 47
propreté (n.f.) 40
propriétaire (n.) 37
propriété (n.f.) 63
– propriété industrielle 37
– propriété intellectuelle 37
– propriété littéraire et artistique 37
prospecter (v.) 23
protection juridique (n.f.) 37
protectionnisme (n.m.) 56
protectionniste (n. et adj.) 56
prototype (n.m.) 37
provenir (v.) 22
provider (n.m.) 52
provoquer (v.) 22
pub (n.f.) 46
public (n.m. et adj.) 12, 17
en public 11
publicité (n.f.) 16, 46
– publicité directe 46
– publicité mensongère 46
– publicité sur le lieu de vente 46
publier (v.) 36
publipostage (n.m.) 46
puis (adv.) 11

Q

qualifié (adj.) 17, 35
qualité [du produit] (n.f.) 34
quartier
– quartier commerçant 25
– quartier des affaires 25
questionnaire (n.m.) 43
questionner (v.) 13
quota (n.m.) 56

R

rabais (n.m.) 54
raccrocher (v.) 5, 7
racket (n.m.) 58
racketter (v.) 58
racketteur (n.m.) 58
radio (n.f.) 46
raisonnable 45
rappel de paiement (n.m.) 55
rappeler (v.) 6, 8
rapport (n.m.) 13, 36
– rapport de force 14
rater (v.) 26
rayon [d'un magasin] (n.m.) 49
se recentrer (v.) 38
réception (n.f.) 1, 47, 55
réceptionniste (n.) 23
récession (n.f.) 41
recevoir (v.) 10
recherche (n.f.) 36
– recherche appliquée 36
– recherche d'emploi 28
– recherche et développement 36
– recherche fondamentale 36
rechercher (v.) 10
réclamation (n.f.) 53
– faire une réclamation 53
réclamer (v.) 32
recourir à (v.) 63
recours (n.m.) 62
– avoir recours à (loc.) 62
recrutement (n.m.) 28
– cabinet de recrutement 28
recruter (v.) 28
reçu (n.m.) 61
recul (n.m.) 66
reculer (v.) 66
redevance (n.f.) 37
redressement (n.m.) 22
redresser (v.) 22
réduction (n.f.) 47, 54
accorder une réduction 54
réduire (v.) 34
référence (n.f.) 53, 44, 55
référencer (v.) 53, 55
reformuler (v.) 51
registre de la société (n.m.) 64
règlement (n.m.) 55
– règlement intérieur 40
régler (v.) 54, 55
regret [avoir le __ de] 9
regretter (v.) 9
relation (n.f.) 28
– mettre en relation 5
relevé de compte (n.m.) 61
remboursement (n.m.) 62
rembourser (v.) 22, 62
remercier (v.) 9
remise (n.f.) 54
remplacer (v.) 29
rémunération (n.f.) 29, 30
rendez-vous (n.m.) 8
– déplacer un rendez-vous 8
– prendre un rendez-vous 8
– reporter un rendez-vous 8
rentabilité (n.f.) 35, 45
– seuil de rentabilité (n.m.) 45
rentable (adj.) 35, 45
répartir (v.) 70
répartition (n.f.) 19
répétitif (adj.) 24
repli (n.m.) 66
répondeur (n.m.) 5
répondre (v.) 6, 10
reporter (v.) 2, 8
reprendre (v.) 32
reprise (n.f.) 41
réputé (adj.) 36
réseau (n.m.) 52
réserve (n.f.) 70
– en réserve 39
réservé (adj.) 15
résilier (v.) 29, 68
résistance (n.f.) 44
résister (v.) 22, 35
résoudre (v.) 13
responsable (n. et adj.) 26
– responsable sécurité 40
– responsable syndical 32

ressource énergétique (n.f.) 33
restauration (n.f.) 18
restreindre (v.) 60
restriction (n.f.) 60
restructuration (n.f.) 22
résultat (n.m.) 69, 70
résumé (n.m.)
– en résumé (loc.) 3
retard (n.m.)
– en retard 19
– retard de livraison 39, 53
retirer (v.) 61
retrait (n.m.) 61
– faire un retrait 61
retraité(e) (n. et adj.) 24
rétroprojecteur (n.m.) 11
réunion (n.f.) 1
– être en réunion 6, 8
réunir (v.) 1
réussir (v.) 13, 26
revalorisation (n.f.) 32
revaloriser (v.) 32
révéler (v.) 38
revendication (n.f.) 32
revendiquer (v.) 32
revue (n.f.) 36
risque (n.m.) 40, 68
– prendre un risque 15
risque zéro 40
ristourne (n.f.) 54
robot (n.m.) 34
rompre (v.) 13
rouge [être dans le ___] 22
routinier (adj) 24

S

saboter 59
sacrifié (adj.) 45
saisir (v.) 58, 62
salaire (n.m.) 29, 30
– bulletin de salaire 30
– salaire fixe 30
– salaire mensuel 30
– salaire minimum 30
– toucher un salaire 30
salarial (adj.) 13
salarié (n. et adj.) 16, 29, 31
salle (n.f.) 2, 11
salon (n.m.) 48
– salon de coiffure, 49
salutation (n.f.) 9, 10
– formule de salutations 9
– meilleures salutations 53
sans-emploi (n.m.) 27
sauvetage (n.m.) 22
savoir-faire (n.m.) 49
scientifique (adj.) 36
scolarité (n.f.) 26
séance (n.f.)
– séance boursière 66
– séance de travail 1
secrétaire de séance (n.) 3
secondaire (adj.) 18
secret de fabrication (n.m.) 38
secrétaire de séance (n.) 3
secteur (n.m.) 18, 65
sécurité (n.f.) 30, 40

174 •cent soixante-quatorze

INDEX

– sécurité informatique 59
segment [de marché] (n.m.) 43
segmentation (n.f.) 43
segmenter (v.) 43
sélection (n.f.) 28
sens [à mon __] 4
serré [comme une sardine] (adj.) 25
serrer [la main] (v.) 15
serveur (n.m.) 52
serveur/euse (n.) 30
service (n.m.) 16, 17, 31, 61
– rendre un service 51
– service après-vente 31
– service de la comptabilité 31
– service des achats 31
– service des ventes 31
– service du personnel 28, 31
– service facturation 55
– service juridique 31
– service public 17
seuil de rentabilité (n.m.) 45
siège (n.m.) 21
siège social 17
signe (n.m.) 20
signer (v.) 9
sinistre (n.m.) 68
site Internet (n.m.) 52
social (adj.) 19
société (n.f.) 16, 17
– société anonyme 31, 63
– société à responsabilité limitée (SARL) 17
– société en nom collectif (SNC) 17
– société commerciale 63
– société de bourse 67
– société de capitaux 63
– société de personnes 63
– société mère 21
software (n.m.) 52
solaire (adj.) 33
solde (n.m.) 54, 69
solidaire (adj.) 57
solvabilité (n.f.) 62
solvable (adj.) 62
somnolent (adj.) 12
somnoler (v.) 12
sondage (n.m.) 43
sonner (v.) 6
sous-traitance (n.f.) 38
sous-traitant (n.m.) 38
sous-traiter (v.) 38
soutenir (v.) 57
soutirer (v.) 59
spacieux (adj.) 2, 25
spécialisé (adj.) 38
spectaculaire (adj.) 66
spéculer (v.) 65
sponsor (n.m.) 47
sponsoring (n.m.) 47
sponsoriser (v.) 47
spot publicitaire (n.m.) 46
stable (adj.) 24
stage (n.m.) 26
– faire un stage 26
– suivre un stage 26
stagnation (n.f.) 41
stagner (v.) 41
stand (n.m.) 48
standard téléphonique (n.m.) 5

standardiste (n.) 5
statique (adj.) 14
statuer (v.) 64
statut (n.m.) 20
statuts (n.m.pl.) 64
stimuler (v.) 3
stock (n.m.) 39, 70
stockage (n.m.) 39
stocker (v.) 39, 52
stratégie (n.f.) 14
stylo feutre (n.m.) 2
subordination (n.f.) 31
– sous la subordination de 31
subordonné (n. et adj.) 20
subvention (n.f.) 60
subventionner (v.) 60
succursale (n.f.) 16
suggestion (n.f.)
– faire une suggestion 1
suite (n.f.)
– faire suite à 9
– par la suite 11
suivi (n.m.) 38
sujet (n.m.) 3, 11, 12
supérieur hiérarchique (n.m.) 20
supermarché (n.m.) 44, 49
superviser (v.) 31
suppression (n.f.) 22, 27
surface (n.f.) 48
– grande surface 49
– surface de vente 49
surfer (v.) 52
surveiller (v.) 60
susceptible 37
symbole (n.m.) 20
syndicalisme (n.m.) 32
syndicaliste (n. et adj.) 32
syndicat (n.m.) 13, 32
système informatique (n.m.) 59

T

table de négociation (n.f.) 14
tableau (n.m.) 11, 19
tâche (n.f.) 19, 34
tactique (adj.) 51
taille (n.f.) 16
tailleur (n.m.) 17
taper (v.) 10, 52
taux (n.m.) 55
– taux d'inflation 41
– taux d'intérêt 62
– taux de chômage 27
taxe 59
technique de vente 50
technologie de pointe 36
télécommunications 18
téléconférence (n.f.) 1
téléphone (n.m.) 5
– numéro de téléphone 5
– téléphone fixe 5
– téléphone mobile 5
– téléphone public 5
– téléphone sans fil 5
téléphoner 5, 6
téléréunion (n.f.) 1
télétravail (n.m.) 25

télé-travailleur (n.m.) 25
télévision (n.f.) 46
temporaire (adj.) 29
temps de travail (n.m.) 19
– emploi à temps partiel (n.m.) 29
– emploi à plein temps (n.m.) 29
tenir (v.) 1
se tenir (v.) 1
tension (n.f.) 14
tenue vestimentaire (n.f.) 20
terme (n.m.) 4, 14, 62
– à terme 4
– à court terme 14, 62
– à long terme 14, 62
– à moyen terme 62
terrain d'entente (n.m.) 14
tertiaire (adj.) 18
test (n.m.) 36
– test de prix 45
tête (n.f.)
– prendre la tête 22
textile (n.m. et adj.) 18
thermique (adj.) 33
thèse (n.f.) 26
tiers (n.m.) 37, 68
titre (n.m.) 65
– titre de civilité 9
– titre de propriété 63, 64
titulaire (n. et adj.) 37
toast (n.m.) 11
– porter un toast 11
tolérer (v.) 32
tomber d'accord (loc.) 14, 51
tonalité (n.f.) 5
touche (n.f.) 5, 7
toucher (v.) 27, 30
tour (n.m.) 25
– faire le tour de la question 3
– faire un tour de table 3
tourisme (n.m.) 18
trac (n.m.) 12
– avoir le trac 12
trafic (n.m.) 58
trafiquant(e) (n.) 58
traiter (v.) 12, 51
transaction (n.f.) 67
– passer une transaction 14
transmettre (v.) 10
transport (n.m.) 17, 18, 41, 54
– transport en commun 20
transporter (v.) 54
transporteur (n.m.) 54
travail (n.m.) 1, 19, 23, 24, 25, 29, 32, 34, 40
– accident du travail (n.m.) 40
– ambiance de travail 40
– arrêt de travail 32
– espace de travail (n.m.) 25
– exécuter un travail 29
– exercer un travail 23, 24
– horaire de travail (n.m.) 19, 32
– local de travail (n.m.) 32
– reprendre le travail 32
– séance de travail (n.f.) 1
– travail à domicile 25
– travail ardu 24
– travail déclaré 24
– travail dur 24
– travail ennuyeux 24

cent soixante-quinze • 175

INDEX

– travail enrichissant 24
– travail épuisant 24
– travail fastidieux 24
– travail harassant 24
– travail passionnant 24
– travail pénible 24
– travail posté 34
– travail prenant 24
– travail répétitif 24
– travail routinier 24
– travail temporaire 29
travailler (v.) 17, 24, 25
– travailler au noir 24
– travailler d'arrache-pied
– travailler dur 24
– travailler pour son compte 17
– travailleur à domicile 25
treizième mois (n.m.) 30
tribunal de commerce (n.m.) 22
tromper (v.) 13
se tromper (v.) 7
TTC [toutes taxes comprises] 55
tutoiement (n.m.) 20
tutoyer (v.) 20
TVA [taxe à la valeur ajoutée] (n.f.) 45, 55

U

U [tables en __] 2
Union européenne (n.f.) 60
unique (adj.) 50
unité de production (n.f.) 16
usine (n.f.) 16, 21, 25, 31
utile (adj.) 4
utilisateur/trice (n.) 42

V

valable (adj.) 47
valeur (n.f.) 41, 65, 66, 70
– prendre de la valeur 65
– valeur ajoutée 41
– valeur boursière 66
– valeur mobilière 65, 70
véhicule de transport (n.m.) 33
veille technologique (n.f.) 36
vendeur (n. et adj.) 23, 30, 50
vendre (v.) 16
– vendre à perte 60
vente (n.f.) 47, 50, 51
– mettre en vente (loc.) 43
en vérité (loc.) 12
verser (v.) 60
victime (n.f.) 68

vif du sujet (n.m.) 3, 15
– entrer dans le vif du sujet 3, 15
violation [de la loi] (n.f.) 58
virement (n.m.) 61
– faire un virement 61
virer (v.) 61
visioconférence (n.f.) 1
visite d'entreprise (n.f.) 47
se voir (v.) 8
voiture de fonction (n.f.) 30
voix (n.f.) 12
– à voix haute 12
volatile (adj.) 67
volontiers (adv.) 12
volume (n.m.) 45, 67
voter (v.) 1, 64
vouvoiement (n.m.) 20
vouvoyer (v.) 20
voyage d'affaires (n.m.) 20
– être en voyage d'affaires 20

W, Z

webmestre (n.m.) 23
zéro-stock (n.m.) 39
zone euro (n.f.) 41